シリーズ『大学の授業実践』1

作文の教育

——〈教養教育〉批判

宇佐美 寛
Usami, Hiroshi

東信堂

はじめに

I

この本の書名は『作文の教育』である。

ところが、ある大学教師（母校の後輩）は、私にたずねた。

「宇佐美さん、『作文の授業』の方が適切ではないの？」

違う。その書名では、小さすぎる。〈作文〉は、教育思想なのである。「作文道」とも称すべき、ある生き方なのである。

だから、いったんは、次のような書名をも、考えた。「〈作文〉という思想による教育」「作文道による教育」「作文主義による教育」。

しかし、いずれも、一目で意図がわかる書名ではない。

そもそも、書名という短い文言で理解できるような簡単な「意図」ではないつもりである。気を使ってこってみても、意味がない。

また、右の後輩が言うような〈授業〉をも、出来るだけ詳しく論じたい。

結局、『作文の教育』とした。この「の」の意味は、深長である。いくつの主張がこの助詞「の」に含まれているかは、書き進める過程において、現れることになるだろう。


イギリスの哲学者、ベーコン（F. Bacon）の言である。「書くことは正確・厳密な（exact）な人間を作る。」作文はそのように人間を作るのである。（また、彼は言う。「読むことは内容がある〔full〕人間を作る。」）

当然、逆に、書かれた文章に書き手の人間が現れる。諺にいう「文は人なり。」である。


〈作文〉を教育課程の構造のどこに位置づけるかが問題である。文章を書くという学習は、特定の教科目、特定の時間の枠内に限定されるべきではない。書くこと、読むことは、全ての教科目に含まれる基本的学習である。

「作文の教育」……作文が教育するのである。（「ペスタロッチーの教育」とは、ペスタロッチーが教育するということである。それと同じ構造になる。）それが「の」の一つの意味である。

この「作文の教育」は、読み書き中心の専門教育の中で最もよく行われ得る。講義ばかりの、学習者の思考の状態には全然配慮していない授業とは、あいいれない。本書では、私の実践を例として、この主張をする。（なお、宇佐美寛『大学の授業』東信堂、一九九九年をも併せ読んでいただきたい。）

Ⅱ

千葉大学（教育学部）で三三年間教えた。また、その前後の他の数大学での非常勤講師の経験を加算すると、延べ四三年、大学で教えたことになる。

この大学での教育経験に基づいて、本書を書く。

しかし、本書での私の主張は、大すじで大学以外の他種の（高・中・小等の）学校についてもまさしく適合する。前節で言ったように、「……道」「思想」「主義」などという原理的な考え方なのである。その本質は、大学に限定されない。普通的・一般的である。

換言すれば、私は、大学教員を読者として重視してはいるが、同時に（その向う側を透視するような気持で）高・中・小等の教員を意識しながら書き進めている。例えば、「この主義は、小学校での実践にとっては、どのような意味になるのだろうか。」などと検討しながら書き進めている。また、大学生は、かつては小学生であった。私が、小学校での作文の教育を気にするのは当然である。

私自身の教師としての経験、そして教育を受けた経験を各所に記述しながら論を進める。そのために巻末の**著者紹介**の部分に略歴を記した。いつの、何という学校のことなのかが不明では、説得力を欠くことになるからである。

私が「作文の教育」と呼んでいるものは、大学では、専門教育の中でなされるべきものである。〈教養教育〉とは反する要素を持ち、適合しない。（「リベラル・アーツ」・「基盤教育」・「一般教育」・「普遍教育」等と美称されている類いの教育は基本的に同質同類である。）〈教養教育〉では、厳しく正確・緻密な作文の教育は出来ない。

だから、本書の副題を「――〈教養教育〉批判――」とした。

「教養教育」（もちろん、「一般教育」「リベラル・アーツ」等々）の趣旨・目的についての文章は、今までずいぶん読んできた。いずれも「美辞麗句」とか「空文虚字」とか評すべき無内容な抽象論の文章である。スローガンに過ぎない。現実の授業の状態こそが重要である。私は、私語（もちろん、あくび、居眠り、ほおづえ）が有る授業の実態で「教養教育」のスローガンを説かれても全然信用しない。

私自身が、「道徳教育」の授業を、どのように行なったかについては、拙著『大学の授業』（東信堂、一九九九年）を読んでいただきたい。

その本で、私は次のように書いていた。（同書ｖページ）

> 私は、教師である私に対する無礼（いねむりは私の授業では皆無だが、他に例えば、あくび、ほおづえ）は、一切許さない。
>
> 講義ばかりしている教師は、講義の内容を口に出し発音することしか念頭にないのだろう。それが授業だと思っているのだろう。
>
> 授業の目的は、授業の正しい秩序を教えることを含むべきものである。つまり、学生は、学校における授業のありかたを学ぶべきなのである。

また、授業の目的は、学校外の社会における常識的行動様式を教えることをも含むべきものである。まじめに話をしている人の前であくびをしたり眠ったりほおづえをついたりするのは無礼である。それを大学で教えないままで、野卑な学生を(山ザルのまま)卒業させるから、日本はますます恥ずかしい国になっていく。〈私語〉のところだけしか意識しないから、私語にどう対処するかもわからないのである。授業を何のために、どのように行うべきかの全体像が欠けている。だから〈私語〉問題も考えようがないのである。

私の授業では、学生が二百名を越える場合でも、私語はほとんど無かった。簡単なことである。講義をしなければいい。代りに文章の読み書き指導を中心とした授業をするのである。さかんに読み書きさせるのである。

学生に学習活動をさせないから、私語等の「非行」が発生するのである。

読み書きを中心としないで、何が「教養」か。

私がしたように、いわゆる「専門科目」(である「道徳教育」)を読み書き指導として行なうのである。

このように学習活動を重視した専門教育こそが教養の教育である。

教養というものは重要・貴重なものである。しかし、だからといって、「教養科目」が有意義だということにはならない。

一九九一年のいわゆる「大学設置基準の大綱化」以来、全体的に、「一般教育」の名による教養教育は、ほぼ解体され、消滅した状態にある。

やはり、「一般教育」はスローガンに過ぎなかったのである。

もし、本当に「一般教育」が重要であると教員諸氏が思っていたならば、このような衰退状態にはならなかっただろう。また、このような現状に対する本格的な理論的批判がさかんになされていただろう。

国語の力を伸ばそうとしない教養教育など無益である。国語の力こそが学力の中核である。

「作文道の教育」によって、教養教育は専門教育と一体化する。

Ⅲ

ところどころに、**範例**と明示した。

『範例』については、私は、別の著書で、次のように述べた。（宇佐美寛『大学授業の病理――FD批判――』東信堂、二〇〇四年、一〇九ページ）

> 目を低くして具体例を挙げるべきである。前述のように大説ではなく小説によって考えるのである。一見小さい例を入念に多面的に分析すると、大きい意味が有る理論が見えてくる。
>
> このような生産的な具体例が教育学で言う「範例」である。（「範例」……原語は一九五〇年代の西独教育界でのExempel あるいは Paradigma であった。それぞれ英語の example, paradigm と対応する語である。）

また、ところどころに、**問題**と明示した。読者諸賢に考えていただきたい問題点を目立たせたのである。右の**範例**と**問題**とは、私自身の授業構成の重要な要素である。〈範例〉によって、思考するための材料を十分に豊富に与えなければならない。また、〈問題〉によって、思考の目標を示し、どんな答え（結果）を得るために思考するべきなのかを示すのである。

Ⅳ

学問上、意義ある業績の本質は、それまでの他者の業績に対する否定・批判である。少なくとも、ある部分に対する否定・批判である。（他者の業績のままでよいのならば、なぜ新たに本を書く意義が有るのか。）自由な学問の生命は〈批判〉である。だから、私の主張に対する批判（また、私に批判された研究者による反批判）が行なわれることを望む。おおいに論争しようではないか。

東信堂社長、下田勝司氏は、本書にこめた私の志に理解・共感を示され、御助力を賜わった。心より御礼申し上げる。

二〇〇九年四月一六日（七十五歳の誕生日）

宇佐美　寛

作文の教育――〈教養教育〉批判――／目次

シリーズ『大学の授業実践』1

作文の教育——〈教養教育〉批判——

序論

I　真剣なコミュニケーション

範例1

宮本武蔵『五輪書』に、次の箇所が有る。

一、有レ構無レ構《かまへありてかまへなし》のおしへの事、有レ構無レ構と云は、太刀をかまゆると云事あるべき事にあらず、され共五方に置事あればかまへともなるべし、太刀は敵の縁により所により、けいき《（景氣）》にしたがい、何れの方に置たりとも、其敵きりよきやうに持心也、上段も時に随ひ少さがる心なれば中段となり、中段を利により少あぐれば上段となる、下段もおりにふれ少あぐれば中段となる、兩脇の構もくらいにより少中へ出せば、中段下段共なる心なり、然《しかる》によつて、構はありて構はなきと云利（理）也、先《まづ》太刀をとつては、いづれにしてなりとも、敵をきると云心也、若《もし》敵のきる太刀を受る、はる、あたる、ねばる、さわるなど云事あれども、みな敵をきる縁なり、心得べし、うくると思ひ、はると思ひ、あたるとおもひ、ねばるとおもひ、さわるとおもふによつて、きる事不足なるべし、何事もきる縁と思ふ事肝要也、

〔高柳光寿校訂、岩波文庫、一九四二年、三四―三五ページ〕

一、他流におゐて、つよみの太刀と云事、太刀につよき太刀よわき太刀と云ふ事はあるべからず、つよき心にてふる太刀はあらき物也、あらきばかりにてはかちがたし、又つよき太刀と云て、人をきる時にして、むりにつよくきらんとすれば、きれざる心也、ためしものなどにきる心にも、つよくきらんとする事悪し、誰におゐても、かたきときりやふ（切合）に、よわくきらんつよくきらんと思ふものなし、唯人をきりころさんとおもふ時は、つよき心もあらず、勿論よはき心にもあらず、敵のしぬるほどゝ思ふ義也、若《もしく》はつよみの太刀にて、人の太刀つよくはれば、はりあまりて必あしき心なり、人の太刀に強くあたれば、わが太刀もおくれたく（がカ）る所也、然によつてつよみの太刀などゝ云事なき事也、

〔同右書、七二―七三ページ〕

かつて、私は右の趣旨を次のように解説した。（『宇佐美寛・問題意識集7　論理的思考と授業の方法』明治図書、二〇〇三年、一三一―一三二ページ。なお、初出は宇佐美寛『思考指導の論理』明治図書、一九七三年、一二二ページ）

武蔵のいうことを、私のことばでとらえなおすと次のようなことになるであろう。敵と切りあう時に、たしかに太刀を持つものは、構えてはいるのであり、いろいろな構えがある。しかし、それは、他人が外から見て、そう見ることができるというだけのことなのである。切りあう本人は、ただ敵を切ろうとするだけであり、それ以外は意識しないのである。敵の太刀への応じかたに、「受る」・「はる」・「あたる」・「ねばる」・「さわる」などといわれるものがあるが、切る本人が、その型を意識しては、切れないのである。ただ切るつもりで敵の太刀に応じた時、その時の諸条件により、応じかたにちがいが出てくるのであり、それを外から見て右のように区別して名づけているのにすぎないのである。だから、構えは、「あって、ない」のである。太刀ふりの強弱についても、道理は全く同様である。切りあう時には、敵を殺すほどの強さで切っているのであり、切り殺そうとしているだけなのである。その時、その相手を殺そうとして太刀をふる動きとは別に、太刀の強弱を問題にすることはできないのである。

範例2

もう三十余年も昔のことである。長男に自転車乗りを教えた。初めは団地の中の道路で教えた。自動車はあまり通らないが、それでも気になる。道路をはずれて芝生に入ってしまうのも困る。

考えを変えた。近所の中学校の校庭で気がむくままの方向で走らせた。どんどんペダルを踏めとだけ言った。校庭は広いから、何も気にせず、とにかくこげばいい。走っているうちに、ハンドルさばきも、ブレーキの使い方も、自然に身について、出来るようになった。

この自転車乗りの例については、『宇佐美寛・問題意識集2　国語教育は言語技術教育である』（明治図書、二〇〇一年）特に第2章を参照されたい。

右の二つの範例に関わって、次の問題を考えていただきたい。

問題1
右の**範例1・範例2**は、共通に、どのような、*教育についての考えを**意味するか。
また、範例1と範例2とは、教育との関わりでは、***どう違うか。

＊　この『教育についての考え』は、もちろん、剣法と自転車乗りを超えて、様ざまな状況における教育を貫き得るような（つまり特定の状況だけに限定されない）考えである。つまり、「教育思想」である。
＊＊　「意味する」……あらわに言葉で述べられているのではない「含意」(implication) が有るということである。
＊＊＊　「どう違うか。」……複数のものを比較させ共通点と相違点を認識させるのは、重要な基本的教育方法である。換言すれば、異同のけじめを重視させる方法である。（宇佐美寛『〈論理〉を教える』明治図書、二〇〇八年、第四章「1たす1と2とは違う――異同の問題――」参照）

相手を切る、これが切り合う時の武士の目的である。それしか意識しない。この目的のために全力を尽す。切るための動きをする。エネルギーの全てはこの動きのために流れる。
この動きは、様ざまな多くの技術から成っている。つまり、外から見ると、多くの形の動きから成っているのである。しかし、そんな諸技術を意識してはならない。（脚の動かし方を気にして歩けなくなるムカデの例も有る。）相手を切るという目的を持ち、その目的のために動けば、多くの技術は自ずから生じている。切ろうという目的意志によって動けば、技術は自ずからついてくるのである。

自転車の練習も同様である。乗って走るという目的意志が働いていればいい。ただペダルを踏めばいい。自転車は速く走る。速く走れば安定する。ハンドルさばきは、このエネルギーの流れにおいて自ずから出来るようになる。

この逆に、走っていない自転車、ゆっくり（したがって、ふらふら）としか走っていない自転車に乗っているとする。この状態でハンドルさばきを学ぶことは不可能である。

同様に、相手を切ろうという意志による行為が必要である。この行為が無いところで、刀の構え方や振り方の技術を学ぼうとするのは無意味である。なぜその型の技術を用いるべきなのかが当人は実感できないのである。実践（実戦）とは切り離して、技術だけを教えようとする悪しき形式主義である。

はたして、その種の技術は要るものか。無効ではないのか。あるいは、その種の技術は無効どころではなく、すきを作り、負けに導く有害なものではないのか。……実践から切り離された形式主義では、このような問いは考えつきもしない。

平和が続き、実戦の機会が無くなった時代には、右のような形式主義の流派が流行する。道場でのけいこで、技術の形式をやかましく言う。しかし、そのような道場の剣士は（形は見ばえがよくても）、実力は無く、実戦では弱い。

その逆に、道場の試合では弱くても、実戦経験で鍛えられているから、実戦では見違えるように強いという剣客がいたようである。（例えば、近藤勇がそうだという。……私の先祖は、明治維新という革命の主動力である長州の武士であり、近藤勇の名を出すのもしゃくにさわる。しかし、他の適例が思い浮かばないので、しょうがない。政治的・歴史的含意は無い。）

本人が目的意志を持ち、その意志につき動かされて一所懸命に意識を集中させて行為している、勢（いきおい）が有る状態が学習には必要である。（以後、短く「勢が有る状態」と呼ぼう。）教育は、各個人にこの「勢が有る状態」を作らねばならない。

教育は、教師と学生とのコミュニケーションで成り立つ。だから、右のように「勢が有る」コミュニケーションが働いていなければならない。**範例1**にちなんで言えば、まさに真剣なコミュニケーションが要る。目的が明確なコミュニケーションである。

コミュニケーションには相手が有る。相手に対して言葉を発する。その相手に何かを知らせる。それによって相手の思考・態度・行動に何らかの影響を与えようとする。それが目的である。

だから、目的が明確なコミュニケーションは、コミュニケーションの相手も定まっているのである。（*切り合うというコミュニケーションには、相手の人間が存在する。しかし、自転車の練習は一人で出来る。相手はいない。コミュニケーションではないのである。）

＊敵と真剣で切り合うのは、きわめて敵対的なコミュニケーションである。共通の思考が極少の変形的なコミュニケーションである。言葉は、ほとんど使われないが、相手の動作・姿勢・表情等の記号を解釈し、それを資料として自分の剣のあり方を決めるコミュニケーションである。

作文は、コミュニケーションである。相手が有り、その相手に影響を与えるという明確な目的が有る。つまり、書く必要が有るから、その文章を書くのである。

ちょうど、相手を切り殺す必要が有るから、戦うのと同様である。

そして、前述のように、現実の切り合いから遊離した形式をとりたてて指導する「道場剣法」は、無意義な動作、有害な動作を教える。

作文でも、明確に必要が有り相手が有って書く作文という正道から遊離した指導が有る。現実の切迫感・必要感が有るような相手も素材も欠けている。だから、無意義あるいは有害な形式だけをとりたてて教えることになる。右の形式化した「道場剣法」と同様である。

無意義あるいは有害な形式の教えとは、いろいろ有るが、例えば次の三つである。（順不同である。）

一、主語―述語（主・述）のねじれをつくるな、正せという教え。

二、段落（パラグラフ）の区切り方に気をつけ、段落にはトピック・センテンス（あるいは「中心文」、「柱の文」）を設けよという教え。

三、意見と事実を区別して書けという教え。

右の「一」は無意義、「二」・「三」は有害である。

なぜか。……ここは、まだ「序論」だから、予告するだけにする。詳しくは、「第3章　形式主義の作文――コミュニケーション離れ――」において論ずる。

II　授業の規律

ところが、大学授業の多くでは、「勢」が有る真剣なコミュニケーションは成り立っていないらしい。たるみ、なれあい、ごまかしが、はびこっているらしい。

例えば、自ら定刻以前に入室している教師は、まれなようである。しかし、例えば一〇時三〇分からの授業ならば、それより早く入室していなければ、定刻に始められるはずがない。

私は著書で、次のように書いていた。（宇佐美寛『大学の授業』東信堂、一九九九年、一三―一五ページ〔第3章「定刻と遅刻」〕）

> 現在（前期）は、月曜二時間目の授業である。一〇時三〇分から一二時である。
> 私はたいていは五分前、遅くとも三分前、つまり一〇時二七分には教室に入る。教卓の上に、教科書、メモ、配付資料、筆記用具など必要な物を並べておく。時計を見ながら「一〇時三〇分」を待つ。（わが学部では、チャイムは鳴らない。）

「一〇時三〇分に始める」と定めて、学生に「学生手帳」でそう知らせてある。これは約束である。教師が約束を破ってはいけない。

学生は、約束を信じて一〇時三〇分以前に教室に入るのが当然である。この当然の行為をしている学生を裏ぎってはならない。「まあ大体の時刻で来ればいい。少しくらい遅れても授業は始まっていない。」とたかをくくる学生の方が結果的に当たっていたなどという事態を起こしてはいけない。まじめに時刻を守る学生より、たかをくくる学生の方が利口だという事態を教師が作ってはいけない。

約束が有る以上、定刻である一〇時三〇分から学習を始めるのは学生の権利である。もし、几帳面にそう主張して定刻より遅れた教師を問責する学生がいたら、教師は何と答えるのか。

また、教師自らが遅れると、いつからが遅刻なのかが不明になる。何時何分までに来ればいいのかの感覚が鈍くなる。遅刻する学生がだらだらと続くことになる。授業の雰囲気は最初からたるむ。私語を初めとして、様ざまなたるみの現象が出てくる。

要するに、教師自身が「時間を守る」という原理を示さなければ、その点においては学生を指導する資格が無くなるのである。自分が遅れてくるのに、学生に対し「遅刻するな」とは言えない。そう言ったとしても迫力・効果は無い。

右に述べたことが異常に厳しいと感ずる大学人がいるとしたら、再び「大学の常識は社会（世間）の非常識」という句を味わってもらいたい。

……〔略〕……

私は、一〇時三〇分に少しでも遅れたら、初めに謝る。理由を簡単に言って「すみませんでした。」と頭を下げる。大学教師諸賢に問う。

理由無しに、何となしにルールを破るという態度で、それ以後の秩序を維持できるか。ルール違反を責め正当な行動をとるよう指示する指導者たり得るか。

また、私は別の著書で次のように論じた。（宇佐美寛『大学授業の病理――FD批判――』東信堂、二〇〇四年、七〇ページ）

「一〇時半に始まるはずの授業が一〇時三五分から始まっても授業内容に実質的な違いは無い。進度の遅れも生じない。」そう反論する教師もいるかもしれない。

それはピントはずれである。間違っている。

学問で大事なのは「異同のけじめ（区別）」である。あることがAであるのか、Aではないのかの区別である。形式論理学の定律のけじめである。論理とは区別である。

「一〇時三〇分は一〇時三〇分である。」……同一律

「一〇時三〇分は一〇時三〇分でないもの（非一〇時三〇分）ではない。」……矛盾律

「一〇時三〇分でなく、非一〇時三〇分でもないものは無い。」……排中律

「……である」のか「……でない」のかの区別の意識が学習の全過程を通して不可欠である。授業の始めから、この「異同のけじめ」を無視したら、他の事柄についても、そのようなたるんだ頭で向うことになる。「物事のけじめは、つけられない。いいかげんでいい。」という「かくれたカリキュラム」（a hidden curriculum）を教えつづけられている頭である。ろくな学習は出来ない。

規律ある行動形式が思考の規律にとって本質的であり不可欠なのである。「生活が陶冶（教育）する」のである。

より詳しくは、右の両書を読んでいただきたい。

はびこっているたるみの症状は、私語であり、あくび、いねむり、ほおづえである。

これらの症状に私はどう対処しているか。……詳しくは右の両書を読んでいただきたい。

ここでは、あくびとほおづえについてのみ左に引用しておく。


授業の過程であくびをする学生は少ない。まれと言ってもいいくらいに少なくなった。しかし、それでも少しはいる。

あくびは、私語とは違って、近くの学生のじゃまにはならないという理由によるのか、何も言わずに認めている教師が多いようだ。

しかし、私は許さない。授業という仕事をしている場では、そのような非礼を認めるべきではない。大学は、社会の中のおとなの仕事場での常識を教えるべきである。

まじめに教える仕事をしている教師は、気が張っていて、あくびなど出ない。学生がこのような教師の前であくびをするのは無礼である。

さらに、教師の前であろうとなかろうと、一人前の仕事を持ち、それにうちこんでいる、誇りのあるおとなは、仕事で自宅から外に出たら、あくびなどという、気迫を欠いた、たるんだざまを見せてはならない。一歩外に出たら敵だらけだと思い、あくびというすきを見せるべきものではない。私は今まで仕事の場であくびしたことなど無い。


（『大学の授業』一〇九－一一一ページ）

かつて私の大学の学長であった香月秀雄氏のことを思い出している。私がまだ四十歳代の教授だった頃、教育学部の大学院設置の仕事で香月学長に夜に到る会合にずっと出ていただいたことがあった。(私は設置委員長だった。)私は「先生、お疲れになりませんか。」と言った。学長は言った。「『疲れた』など死ぬ前の日にいうものだ。」

また、香月氏が中学生の頃、風邪の後、学校へ行こうとすると、おばあさんが「まだ顔色が悪い。ひとが、まだ治っていないと思うだろうから、……」と言って、ほお紅をちょっとつけさせたとのことである。

こういうさむらいは、人前であくびなどしないのである。

私は学生に右のような道理を話し、あくびをした者は、とがめることにしている。ほおづえも同様にとがめるべきものである。

日本の文化の中では、ほおづえをついてひとの話を聞くのは、ていねいな、そして熱中している態度とは解釈されない。学生が卒業・就職して不利な目にあうことの無いようにほおづえの意味の自覚だけはさせておかねばならない。

それに、私は鉛筆の先から煙の出る速さでノートをとれと言ったのだ。(三九ページ)ほおづえをついていてノートがとれるわけはない。

このようなたるみを見た教師は、授業で自分が発する言葉に誇りと責任を持っているなら、怒るべきである。自分の言葉が無視されているのである。私語、あくび、いねむり、ほおづえは、「教師の言葉を真剣に解釈する気が無い。」という情報を学生が発していることである。目的が有る真剣なコミュニケーションは成り立っていないのである。

私語、あくび、いねむり、ほおづえを黙認している教師は、自分がしているコミュニケーションに誇りも責任も感じていない。このような教師が、どんな見ばえのいい（格好いい）カリキュラム論、大学論を述べても、私は無視する。

私語・あくび・いねむり・ほおづえのようなたるんだ状態は有るのか無いのか。それを推測しようと思って大学のカリキュラムの本を読んでも全然わからない。授業の記録が無い。授業形態も書かれていない。教科書も資料も宿題も不明である。つまり、重要性の中心であるはずの学生の学習活動がどのようなものであるかが不明なのである。どんな質のコミュニケーションがなされているのかが不明なのである。だから、カリキュラム論は空虚である。無視する。

抽象的で粗雑な教育目的論の他は、せいぜい授業科目しか示されていない。

教育の本が書き落としてはならないのは、授業における学生の学習活動である。その実態である。それこそがカリキュラムの本質なのである。

Ⅲ　なめられるな

授業中、学生が前述のようにたるんだ状態でいる。言いかえれば、教師はなめられているのである。なめていて、私語・あくび・いねむり・ほおづえをしながらでもすむと学生は思っている。なめられるような鈍い授業をするのが悪い。

教師諸賢に問う。

とにかく、一所懸命まじめに授業しているつもりなのに、こんなになめられているのである。このままで気持がすむのか。一人前の職業人として腹が立たないのか。

教師は、学生になめられては、つとまらない。

いわゆる七〇年安保のころ、千葉大学でも、学内の紛争が激しかった。ゲバ棒、ヘルメット姿の学生が少なからずいた。本部の建物は彼らに「封鎖」された。しばしば、長時間の「団交」が行なわれた。

私は、かなり彼らと議論した。どなりあった。

自分の言動のあり方の原理は「学生たちに憎まれてもいい。恐れられてもいい。しかし、なめられてはならない。」だった。

もし、彼らにとって憎み恐れるべき敵であるのなら、その場合は私という個人を見ている。彼らはかかってくる。コミュニケーションのきっかけは有る。

私をなめたり軽蔑したりしている学生は私を見ようとしない。私と会おうとしない。（いわゆる「全共斗〔闘〕」系の学生に対した経験の多少を次の拙著に書いた。『宇佐美寛・問題意識集5　議論は、なぜ要るのか』明治図書、二〇〇一年）

授業で教師がなめられる主たる原因は、講義をするという実態である。講義がいけないのである。

連続講演のごとき講義では、学生は何をしていればいいのか。頭の中でどんな働きをしていればいいのか。それが学生にとって不明なのである。つまり、教師は学生の学習活動を要求していない。学生を無視し相手にしていないのである。なめられるのは自然である。学生はあくびし、居眠りする。のんびりできる。

学生をこのようにたるませておくのは、教師がたるんでいるということである。

作文は、最も緊張を強いる学習活動である。たるんでいては書けない。

だから、作文は講義というたるんだ状態の授業とは、あいいれない。

作文は、相手が有り、その相手にある変化を起こす目的が有るコミュニケーションである。書き手と読み手との間には、文章を書くための具体的な問題・素材が有るべきである。換言すれば、双方がそれぞれ解釈できる共通の情報が要る。

講義をしている教師は、音波として聞かせた言葉を学生がどう解釈しつつあるのかに無関心であり、知ろうともしない。このような、学生の思考に無関心な教師に作文の指導は出来ない。

「一般教育」「教養教育」「リベラル・アーツ」などと称されている授業の多くは、講義の形態らしい。作文の教育とはあいいれない。

言葉が学生の思考においてどう働くかを考慮しない空虚な「カリキュラム」論が生ずる。教授・学習の過程における〈概念〉の構造が見えない、科目内容の粗大で抽象的な表記・羅列になるだけである。

第1章　講義をやめよう

I　講義病

教師は、なぜ授業で長々と話すのだろう。もちろん、大学には限らない。他種の学校、つまり高・中・小などの学校でも、しゃべりすぎの場合が多いようである。

話すくらいなら、その内容を著書に（あるいは何らかの資料の形で）書いて読ませればいい。本を読む方が、落ちついて考えながら読める。くり返し読める。自分の思考に見合った速度で読み進めることができる。書き込むことも出来る。それに、読むのは、ぼんやりしていては不可能である。意識を集中して言葉を解釈しようと努めなければ読めない。この抵抗感・努力が貴重である。

「休講」とか「補講」とかの用語が表すように、授業すなわち講義だという思い込みが有る。因習である。不合理である。

私は著書で次のように述べていた。


講義は、するべきでない。

この場合、「講義」とは、ある程度以上の時間連続して、教師の方から何かを話して聞かせることである。

右の「ある程度以上の時間」とは、私自身の場合、五分間を目安としている。五分間以上も一方的に話しつづけてはいけない。

理由は、次の三つである。
一、教師が話して聞かせることを理解するためには、学生は、すでにそれ以前に、必要な概念を持っていなければならない。（この「必要な概念」を「予備知識」と言いかえてもいい。）ところが、学生は、ひどく無知である。だから、ときどき「〇〇という語を知っていますか。」「△△が……したという事実を知っている人は手を上げなさい。」などと言って、彼らの頭の中が現在どうなっているかを探らなければならない。相手の頭の具合を確かめなければ、何をどう話せばいいのかは決まらない。これをせずに長時間一方的に話しつづけるのは独善である。（だから私語が生ずるのである。）
二、学生は話の聞き方（理解のしかた）がわかっていない。話の構造をどうとらえるか。どこを、なぜノートすべきか。それがわかっていないのである。だから、彼らは、ぼんやりと聞いている。聞き方を教える（緊張のしかたを教える）指導をときどきするべきである。長時間一方的に話しつづける余裕は無い。
三、何かの情報を与えるのに、どうして〈講義〉という方法しか考えつかないのだろうか。不思議である。印刷された文章（本、雑誌論文等）を与えて読ませればいい。これなら、読む者の頭の具合に応じて、ゆっくりも読めるし、速くも読める。くり返し読める。書きこみをしながら読める。不明の箇所は調べてからまた読みつづけるのも可能である。「はじめに」に述べたように（iiiページ）教室での授業は、学生がすでに必要な教材を読んできているという状態から出発すべきなのである。

〔宇佐美寛『大学の授業』東信堂、一九九九年、二八―二九ページ〕

大学の教師の中には、私に反論する人もいる。彼は、次のように私に言う。

「私は講義をしている。学生はまじめに集中して聞いている。関心を持っているようだ。私語などしない。」

私も若い未熟な教師だった頃は、自分の講義についてそう思っていた。しかし、この教師の反論は、たぶん間違っている。つまり、彼の授業はそれほど良くない。

その授業時間の中で復誦を課すれば、そのことがわかる。

つまり、二、三十分も経って、「さっき私は授業における身体行動の例をいくつ言ったか、例を全部言いなさい。」と言うのである。あるいは「全員立たせる理由を学生にわかりやすく言うには、何と言ったらいいのか。私が言ったせりふを言ってごらん。」と言う。また、「『かくれたカリキュラム』として私はどんな例を挙げたか。」と問うのである。

学生はたいてい「わかりません。」と言うだろう。

私はその場合言う。

「『わかりません。』というのは、さっき私が教えなかったということを意味する。私が悪いのか。さっき、わかるように教えたのだ。『忘れました。』か。『覚えませんでした』か。あるいは『覚えたけれど、思い出しにくくて出て来ません。』か。」

また、「その点について、ノートをどう書いたのか。」とたずね、全員にノートの該当箇所のページを開かせる。数人を指名し、ノートの当該部分を読み上げさせる。何も書いていないので読み上げようがない学生が多い。要するに、しばらく時間が経ってから具体的な、目の低い（インテリ風ではない、「低級な」）事実をたずねるのである。たいてい答えられない。ノートが悪いのである。

例が挙げられないのでは、わかっていることにならない。まさにその時間内に答えられないのでは、もっと後になって答えられるはずがない。

私に反論した教員の講義を聞いていた学生の多くは、こういう具体的な、目の低い復誦を課せられたら出来ないだろう。

彼は「試験をすると学生はみな出来ている。」などと言うだろうが、試験問題が抽象的で粗雑（大まかすぎ）で切れ味が無いから、出来たのである。

例えば、学生は「心と体の相関関係を授業において重視すべきである理由を述べよ。」といった問題の試験や復誦なら出来るだろう。しかし、その例をいくつ挙げられるか。学生に起立させるさいの私のせりふが言えるか。……出来ない。

例を知らないのは、現実の経験はわかっていないということである。

「寒い」は『新明解国語辞典』（第五版）には次のように書かれている。

> 気温が低くて、がまん出来ない状態だ。

講義を聞いている学生の多くがノートするのは、この種の要約・概括や定義である。現実の経験における表れではない。だから、このような抽象的な定義をノートし頭に入れれば試験は出来る。氷がはる、雪が降る、手足がかじかむ、凍傷が出来る、とり肌がたつ、くしゃみが出る、……等様ざまな「低級」な具体例は知らないでもすむ。具体例をばかにしている「要約頭」である。

講義でも無事に静かにすんでいるのは、学生のこのような「要約頭」となれあっているからである。そのような要約的な試験問題で評価しているからである。

しかし、言うまでもなく、重要なのは「寒い」の例である。つまり、経験において「寒い」とはどのような表れをなすかである。それを知っているのが「寒い」を知っていることである。「気温が低くて、がまん出来ない状態だ。」などという概括の言葉は知らなくてもいい。

また、逆に経験における寒さの様ざまな表れを知っていれば、このような概括の言葉を疑い批判することも出来る。（例えば、「風が強ければ、気温がそれほど低くなくても苦痛に感ずる。」とか「がまんは出来るが、寒い。」などという例を使って批判できる。）

論理的思考とは具体例を十分に豊富に使い得る思考である。

講義を聞いている学生は、本当はわかっていない。具体的な例は知っていないからである。具体的に知らないから、「この講義の言葉はわからないはずだ。」ということを意識できない。自分は「わかっていない」ということがわかっていないのである。（世の多くの場合、「わからない」とは「わかっているか、わからないか、それがわからない」状態である。）

とにかく、目を低くし、より具体的になる方向で問いつづけるような復誦をさせれば、学生がわかっていないことが顕在化する。

具体例を十分に与えるのは、講義では無理である。

二人はよく女を買いにもいった。宮原もそちらのほうは旺盛だったが、一度英世は女性と泊ったホテルで手帳入れを落とした。服を脱ぐときにポケットから落ちたのか、なかには手帳とともに、自分の名刺も入っている。

この後、英世の態度はどうだったか。

これは、野口英世の伝記小説である『遠き落日』による出題である。この小説に描かれている野口の性格の特異性は熟読するに足る。このような性格のイメージがあれば、今後、道徳的判断をするさいの重要な仮説を作りやすくなる。

しかし、この性格を一まとめに短く言うことは不可能である。そのように言えても、わかっていることにはならない。人の性格を認識しているとは、その人物がどのような状況でどのような言動をするかの予測が出来るということである。〔『大学の授業』一二三ページ〕

右は、私の「道徳教育」の試験問題である。このような具体的な問題は、教室における定まった時間の授業内容だけでは出しにくい。講義をしていたのではなおさら不可能である。課題図書（この場合、半年で十二冊）が有るから学習内容が拡がっているのである。

特に文科系では、授業というものの位置づけが問題である。自分でする読書から得るものの方が大きい。また、そうなるべきものである。つまた、授業は無くてすめば、それでもいい。いや、その方がいい。

授業は、一定の時間、一定の空間に、学生が集団で存在するという条件に合った営みであるべきである。講義で、つまり口頭で言って、知らせたいことならば、予めそれを書いた本(資料)を読ませればいい。例えば、本書のこのページまでの内容を講義で話して聞かせるのは愚かしい。ばかげている。読ませればいい。私は、四十年ほどの大学教師としての授業で、ほとんどの場合、自分の著書を読ませていた。

本を読むのならば、ゆっくり自分のペースで考えながら読める。くり返し読める。書き込みをしながら読める。それなのに、なぜ、講義という劣悪な方法に頼るのか。

また、私は何の科目でも、ほぼ毎時間、作文を提出させる。教科書のある部分についての意見・疑問を書く文章である。

授業では、私はこの作文に対応し答える。また、復誦を課し、学生と問答する。これは、授業でなければ出来ない営みである。

復誦を課し問答をすると、学生の頭の中が推測できる。何がわかり何を知ったのかが推測できる。教師は、「一方的な講義では、こういうことは見当もつかなかった!」と気づき、〈講義〉の独善性があらためておそろしくなる。

教育学屋である読者には覚えが有るだろうが、教育学では、一般に「復誦」(recitation)という方法は、古き悪しき方法と見なされ、軽蔑されていた。少なくとも、私が受けた教育学の授業ではそう教わった。

「彼は学生個々の差違を無視した講義法や、書物の思想ではなく文字という表面に力点を置き思想を見ようとしない復誦法を批判した。」

（R. Freeman Butts & Lawrence A. Cremin: A History of Education in American Culture, 1953, p.226.）

「彼」とは、一八二〇年代に当時のハーヴァード大学の教育を批判したティックナー（George Ticknor）である。古い復誦法は、本を丸暗記させ、覚えているかどうかを確かめるものであった。文字面だけ暗記していればよかったのである。

しかし、〈復誦〉を工夫・改善し新しいものに変えればいい。具体例を考えさせ、自分の意見・疑問をも言うような問答にすればいい。学生は、これにより、自分がどこまでわかっていたか、今何をわかるべきかを自覚し得るのである。

私は学生に言う。

「明確な文章に表せない思想などというものは、くだらない、ろくでもない思想である。だから、意見は、まず文章にすべきだ。」

だから、何の科目でも、毎回、作文を提出させる。

〔宇佐美寛『大学授業の病理――ＦＤ批判――』東信堂、二〇〇四年、二一一―二一六ページ〕

また、講義は教師にとって、どのような害をもたらすか。私は、次のように書いていた。（『大学授業の病理――ＦＤ批判――』二一六―二一七ページ）

何という病名をつけようか、いろいろ考えたが、とにかく一応**講義病症候群**と呼んでおこう。教師の次のような症状である。

1．具体的な教材（範例）の考慮が全く無い。
2．学生をそのような具体的教材の中で（について、を使って）活動させるなどということは、意識範囲の外である。
3．教師が自分で大事だと思う自分の頭の中身を自分の言葉で音波として流しつづける。
4．自分の言葉が、経験も知識も異なる他人である学生にどう解釈され、どんな解釈内容が生ずるだろうかという配慮は全く無い。
5．学生の活動から出発するという楽しい冒険をする気は全く無い。自分の頭の中にある言葉の安定した秩序から離れられない。（予期しなかった混乱に臨機応変で対処するという授業の意義深さがわかっていない。）
6．実際の経験は言葉よりも広く複雑で言葉を超えるのだという事実をわきまえていない。
7．だから、教材と教科内容の違いも意識できない。具体的教材は解釈されることにおいて、常に予定した教科内容を超える可能性が有るのである。
8．教科内容を自分の頭の中だけ見て語るから、どうしても抽象的な概括になる。
9．物事の本質（と教師が思っているもの）を語りたがる。ひとがまず持つのは本質の知識ではなく、現象の経験なのに。「姿勢とは……」とか「妊娠とは……」とか定義をまず口で言ってやらないと気がすまない。定義が役立つのは、定義を使って何かを論ずるからである。学生は使い方も知らない定義を聞かされることになる。
（私は学生に『とは』は悪い女の名前だ。『毒婦とは』だ。」と教える。）
10．自分でもよく知りもしない包括的な大きな説、天下国家的スローガンを、何の恥かしげもなく、しゃべる。

（「知りもしない」という事実をわきまえていながらの「はったり」なのか。わきまえていない自己陶酔なのか。それともその両方なのか。個々の教師によっていろいろだろう。）

11.〈講義〉という方法を疑わないから、講義向きの「導入」・「展開」・「まとめ」などという古くさい形式段階を大事にし頼る。（教育学屋諸氏は、ヘルバルトの「形式段階」を思い出したであろう。）

挙げていると、きりがない。

この1—11は、症候群名なのだから、一つの病の様ざまな表れである。あい関連しあっている。

II　専門科目における作文

私は、千葉大学教育学部では、二十年以上、「道徳教育」の時間を担当した。

この授業の制度的概要は次のとおりである。（『大学の授業』一二—一三ページ）

この科目は教員免許のためには必修である。半年（前期あるいは後期）の授業である。

この授業に登録する学生は、四百—五百名である。それを前期一つ（一コマ）、後期二つ数える。つまり、延べ学生数は千二百—千五百名である。

しかし、これらの学生の多くは、一回では合格せず（単位をとれず）に、次の学期に再び登録している者（再履修者）である。「再び」どころではなく、二年がかり、三年がかり、四年がかり……でも合格しないで、まだ登録している者もいる。再履修者の中で、かつて初履修のさい出席し、毎週課せられたリポートを提出していた者には、もう出席は義務づけない。教科書と課題図書（後述）とを自分で読み学期末の試験を受ければいい。このような授業外学習者が大半なので、毎時間出席し宿題のリポートを出すべき者は、百五十名―二百名弱くらいである。（前述のように年間ではこの授業を三コマ持つ。つまり、毎年この三倍くらいの数の学生と教室で会うことになる。）

二年生を主とする初履修者で、一回で（一つの学期のみで）合格する者は（年度により、専攻により異なるが）三〇―五〇パーセント程度である。したがって、毎学期の登録者は圧倒的に未合格者が多くなる。

教育学部学生のための授業であるが、文学部、法経学部、工学部等「他学部」の学生もいる。（学期により異なるが、多くても十名程度である。）

要するに、百七十名の主として二年生の学生を毎週一回（九〇分）、半年の間教える授業を一年に三つするのだと、のみこんでおいていただきたい。

私は次のような目標を立てた。

一、小・中学校で行われている「道徳」の授業の実態を知らしめる。
二、そのような実態を分析・評価させる。
三、あるべき（自分が教師になって行うべき）「道徳」の授業を構想させる。

前節までに述べたような理由で、私は講義をするべきではない。五分間以上も一方的に話しつづけるべきではない。講義を排除した授業方法を考えた。

問題2

特に教育学を研究している読者諸賢に問う。右のような目標と制度的条件がある時、授業方法はどのようなものであるべきか。（このような問いに答えることこそ、教育学の本領ではないのか。）

この授業の方法は、次のような要件を充たすべきである。

①　教科書は、授業者である教師自身が書いたものであることが望ましい。（後述するように、教師は、教科書に対する学生に提出させる意見や疑問に自信をもって対応しなければならない。教師自身が著者でもあるのだから、この点では好条件である。）

②　この教科書は、右の授業目標一―三に見合ったものである。つまり、「道徳」授業の実態を報告するものである。また、その分析・評価の例を示すものである。また、実現すべき授業の見本を示すものである。

③　教科書を緻密・詳細に読ませるためには、どうするか。教科書に対する意見・疑問を文章に書かせるのである。章・節の適切な区切りまでの範囲についての作文である。それを毎週提出させる。（今週は第一章、次週は第二章……のように、である。）

このような教科書として私が書き、使用したのは、左の本である。
宇佐美寛『「道徳」授業に何が出来るか』(明治図書、一九八九年)

また、これ以前の年度に書き、使用していたのは、次の二冊であるが、この二冊の方は、現在、在庫切である。
宇佐美寛『「道徳」授業批判』(明治図書、一九七四年)
宇佐美寛『「道徳」授業をどうするか』(明治図書、一九八四年)

④　授業者であり、教科書の著者である私は、意義が有る意見・疑問に対応する。全員に対して私の考えを口頭で述べる。(もちろん、それに対してさらに口頭で質問・意見が出れば、私の考えをさらに述べる。)

教室での授業時間のほとんどは、意見・疑問へのこのような私の対応(response)である。(それ以外のことは教科書に書いてある。それを口頭でくり返すのは無駄である。)

⑤　その他に、学生の作文について指導したいことは、たいていは、個別的な欠陥である。全員に口頭で説明するのは、時間が無駄である。私が「批正スリップ」と呼んでいる注意書の小紙片をホチキスで作文の紙に付けて返却する。次のような小紙片である。

左のような横約九センチ、縦約一八センチの紙片(私は自分では「批正スリップ」と呼んでいる)をホッチキスでとめ該当項目に○を書いて返すのである。

独善的な読みにくい書き癖の字を、子どもに教えるさいの字に書き改め、次回に提出せよ。
（上手下手とは関係がない。子どもに読ませる、癖のない読みやすい字で。）

敬体・常体の混乱
誤字・脱字・あて字
不適切な語句・記号
悪文
引用
題
構想・主題
所属・番号・氏名・回数

──を正し、次回に提出せよ。

〔『大学の授業』一〇一ページ〕

作文の、これに対応する該当個所の行の上部には赤で✓印を書いてやる。いわゆる添削はしない。そこまで面倒をみるのは甘やかしである。なるべく多量の学習活動をさせるべきなのである。学生は、自分で読みなおし考え、書き改めて再提出する。

⑥　道徳は、社会における事実である。（政治や経済が事実であるように。）だから、「道徳」の授業を考えるためには、素材として、道徳の事実を豊富に知らねばならない。（政治学や経済学の研究・教育は、政治や経済の事実を知らねば、有り得ない。それと同じである。）

だから、私は全員に「課題図書」を読ませる。

「課題図書」については、私は次のように書いていた。（『大学の授業』一一三—一一五ページ）

学期の初めに、私は次の趣旨を話す。

道徳とは社会的状況における個人の意志決定なのだという趣旨は、教科書にも書いてある。この意志決定をするには、またこの意志決定について研究するには、社会的状況と個人との様ざまな事実を知らねばならない。どのような条件が存在しているか、どのような行動はどのような結果をもたらすか等は、みな事実に関する問題である。このような事実を予め知っていれば、より適切な意志決定が出来る。

ところが、学生の社会的経験はまだきわめて貧弱である。また、読書もろくにしていないから、他の人の経験を文章によって知るということも少ない。要するに無知であり、頭の中にろくに貯えが無い状態である。しかも、なお悪いことに、学生は自分がいかに無知であるかを自覚していないし、したがって無知を克服しようという努力もしない。要するに怠惰なのである。

このような無知・怠惰な学生たちに対して講義などしてはいけない。「講ずる」という方法に合うような抽象的・包括的な言葉を一方的に長時間与えていたら、学生はなおたるむ。受身になる。講義の言葉がどんな事実に対応しているかがわからない。なにしろ、対応させようにも、そのための事実の知識の貯えが無いのである。

講義などせず、おおいに本を読ませねばならない。道徳に関わる様ざまな事実の経験を様ざまな他の人がしている。本を読むことによって、この他者の経験を知るのである。

右のように話した後で、「課題図書」のリストを配る。平成11（一九九九）年度のリストは左のとおりである。（実物は横書きである。）

「道徳教育」課題図書（平成11年度）

1　深沢　久　編著『子どもが本気になる道徳授業　第4集（人権・その他編）』（明治図書）
2　宇佐美　寛『作文の論理』（東信堂）
3　向山　洋一『教師修業十年』（明治図書）
以下　文庫名
4　黒柳　徹子『窓ぎわのトットちゃん』（講談社）
5　岸本　裕史『見える学力、見えない学力』（国民）
6　遠藤　周作『海と毒薬』（新潮）
7　吉村　昭『関東大震災』（文春）
8　灰谷健次郎『兎の眼』（角川）

9　松山　幸雄　『「勉縮」のすすめ』　（朝日）
10　宮本　政於　『お役所の掟』　（講談社＋α）
11　渡邊　淳一　『遠き落日（上・下）』　（角川）

私は次の趣旨を言う。

これらの本のほとんどは、図書館〔もちろん千葉大の図書館〕に数部ずつ入れてある。〔全部で八千円程度である。〕しかし、借りに来るには条件が有る。また、私も数部ずつは持っているから、買えない者は借りに来てもいい。たばこを吸う者には貸さない。たばこを買う金があるのに本を買う金がないという事態を許さない。同じ理由でアパートに自費でテレビを買ってある者にも貸さない。〔来学期からは、「茶髪など染髪している者」もこれに加えたいと思っている。〕

Ⅲ　研究（学習）方法としての読み書き

この科目の授業の構造を〈読み・書き〉中心にしたのである。学生は教科書を読む。読んだ内容について意見・疑問を書く。これが主たる過程である。教室で全員に対し、私が口頭で話すのは、補助的なものに過ぎない。五分以上話しつづけることは稀である。講義は無くなる。

話して聞かせる内容ならば、読ませる方が、はるかに良い教育方法である。さらに読んだ内容について作文させるのは、さらに良い。

ぼんやりした受身の状態ではいけない。自ら努力する状態、学習課題を明確に自覚している状態が要る。何をしたらいいかが不明な空白の状態が起こるのを防がねばならない。

教育学の授業は、右に述べたような、読み書き中心の構造であるべきである。

私の専門分野だから、右に「教育学の授業は、」と言ったのであるが、これは、広く文科系の授業一般についても当てはまる。つまり、読み書きが主要な研究方法である分野である。

教員諸賢に問う。自分の専門分野の研究において、読んだり書いたりしているはずである。

それが重要な方法であるならば、なぜ学生にもその方法で学ばせないのか。

自分で自分に対して講義しているのか。そうしていないのならば、なぜ、そのような不自然な、自分自身に対して行なっていない方法である〈講義〉で教えるのか。

大学では研究を教えるのである。だから、教師は自分の研究方法を教えるべきである。

私は、今までの研究生活で、自分の読み方、書き方を身につけてきた。だから、学生が読み方、書き方を学ぶように助けたい。

そのためには、なぜ、私が自分の読み方、書き方を良いと思っているのかを教えたい。（大学での師、石山脩平氏は言った。「無署名の文章でも、読む人が『ああ、これは石山の文章だ。』とわかるような自分の文体を持ちたい。」）換言すれば、私が読み方、書き方はどうあるべきだと思っているのかを教えたい。読み方、書き方の規範を教えたい。読み書きは研究の中核的方法である。だから、それぞれの専門科目の教師が教えるのが本すじである。私は、私の専門分野における読み書きのあり方を教えるのである。

私は「道徳教育」という科目で、講義を無くして、読み書きの活動に置き換えた。「道徳教育」を学ぶのと、読み書きを学ぶのとは、同時であり、一体である。

教師が自分の勉強をする。その勉強のしかたで学生に勉強させる。当然、読み書きを教えることになる*。教員諸賢に問う。〈講義〉という教育方法の根拠を、これと同様に明確に説明できるか。不可能であろう。

＊このあたりの論理を考えるにあたっては、左の論文からの刺激が有った。

Maureen A. Mathison: *Students as Critics of Disciplinary Texts* in THE READING–WRITING CONNECTION—*Ninety-seventh Yearbook of the National Society for the Study of Education*, PART II, 1998.

この論文の筆者は、社会学の学部生に対する授業を例にして論じている。社会学の論文を読ませ、論評する文章を書かせた実践の報告である。

問題3

いわゆる「一般教育」（「教養教育」）の一部に〈作文〉の指導の科目を設けている学校が有る。そのような作文の指導と、右のように私が実践してきた作文の指導とは、どう違うか。

複数の実践の比較をする。比較のためには、それぞれの実践の分析をし、要素・部分に分けるのが自然である。つまり、比較しようとすると、その思考は自ずから対象を分析することになる。

次章（第2章）で、私の作文指導を分析する。そして、次々章（第3章）で、私のものとは違う「一般教育」（「教養教育」）における作文指導を分析する。

第2章　作文はコミュニケーションである

Ⅰ　教科書

私は、『大学の授業』で、次のように書いていた。（『大学の授業』五七―五八ページ）

この「道徳教育」の授業の教科書は、宇佐美寛『「道徳」授業に何が出来るか』（明治図書、一九八九年）である。

「この本は、読めばわかる。」学生が自力で読んでも、そう感ずるだろう。前述のように（三四ページ）、「わからない」とは思わないで読んでいるのである。「わからない」ということがわかっていないのである。だから、学生はぼんやり、すーっと、大ざっぱに読んでしまうだろう。この本は具体例（主として「道徳」授業で使われている資料、授業記録）がかなり有り、初心者である二年生は、大ざっぱに読みやすいだろう。

しかし、それではいけない。特に具体的に書かれている部分は、じっくり、注意深く、詳しく読むべきである。

そのような読み方をしたかどうかは、どうするとわかるか。この本を論評する文章を書かせればわかる。どこをどう読んだかは、書いた文章に表れる。

論評文を書かせれば、教科書の文章を読むための目安が出来る。つまり、目標を持って読むことになる。また、教科書の文章について書かせるのだから、書くための材料が既に有る状態で書くことが出来る。

さらに、その教科書の文章を書いている著者である宇佐美が、まさにその授業の教師なのである。学生は、宇佐美に読ませるつもりで論評文を書くことになる。そして、著者かつ教師である宇佐美は、授業において、その論評文に答える。学生は、だれに対してのコミュニケーションなのかという「相手意識」を持って書くことが出来る。どこに力点を置き、どのような言葉を選んで書くべきかを考えながら書くことが出来る。

この実践の特徴は、これだけではない。

学生は教育現場を視野に入れて書いている。教育学部の学生である。自分が教師として働く場での「道徳」を考える。もちろん、私には、彼らの教師としての責任が有る。現場での「道徳」授業についての情報を与え、それについての私の考えを知らせる。（前述のように、私が書いた教科書がその機能を果す。）

学生が宿題のリポートを作文する時には、数年後に責任を持つことになる教育の仕事をより良く行う準備のために書くのである。また、そのためには、この授業の状況では、教師である宇佐美に正対せざるを得ない。宇佐美の考えに納得するか否か、宇佐美の考えをどう評価し批判するかを自ら決めざるを得ない。そして、その評価・批判を読者である宇佐美に読ませるのである。宇佐美にわからせる文章を考える。少なくとも、宇佐美に反論される弱点が無いような文章を書こうと努める。

要するに、文章を読ませる相手が明瞭に存在するのである。また、その相手に読ませる目的が有るのである。例えば、相手に何かを知らしめる、相手の考えを変える、相手にある行為をさせる……という目的である。このような、まさにコミュニケーションとしての作文によってはじめて、学生は文章によるコミュニケーションの意義を実感し得る。

学生には学力の差が有る。例えば、文章を解釈する能力の差である。特に抽象的な文章の場合には、学生によっての差は、より大きい。

そのように学力差が有る学生たちを一つのクラスで教えるためには、教科書は、現実の事態（この場合、「道徳」授業の実態）を具体的に報告しているスペースが多くなければならない。つまり、より生まの（あまり理論的処理がされていない）記録を多くしなければならない。

また、「道徳」授業について私とは違う意見の論者も学界にはいる。そのような異なる意見と私の意見とを学生が自力で比較するためにも、意見の素材である現実の事態のレベルから具体的に報告した教科書でなければならない。

Ⅱ　具体的に、詳しく

文章を、ある程度の量、書いた経験が有る人には思い当たると思う。次の二つはメドである。つまり、重要な決めどころ、あるいは基準である。

一　どれくらい具体的に書くか。

二　どれくらい詳しく書くか。

ところが、「だれに、何のために読ませる文章なのか。」が不明では、右の「具体的」「詳しく」の程度の調節が不可能である。どの程度にしたらいいのかがわからないのである。（まさに古諺の「人見て法説け」である。相手がどんな人なのかが不明では、仏法をどう説いたらいいかがわからない。）

一については、私は学生に次の趣旨を言う。

> 引用せよ。しかも、なるべく事実が具体的に示されるような部分を引用せよ。その引用は、なるべく文章全体の初め近くに置け。具体的な例（範例）が初めに有るから、それに続く論旨をも具体的に書きやすくなる。（引用ではなくて事実の報告の役割も同様に重要である。それが基になって思考が発展するような具体例、つまり範例的事実を早目に示すべきである。）

二については、私は次の趣旨を教える。

くどく、しつこく書け。「くどすぎる」「しつこすぎる」とあとで気がついたら、その時点で削る、語句を改める等の調整をすればいい。だから、気楽にくどく、しつこく書け。

数学の証明のように、一文（等式一つ）、一字見落としたら、とたんに全体が理解できなくなるような文章では、読む者は疲れて困る。

つまり、ある程度の冗長性（redundancy）が要る。くどく、しつこく書いてあれば、ある文（センテンス）に不備・欠陥が有っても、文章全体としては、誤解を免れ、有効である。同じことを少しずつ角度を変えて書いてあれば、有る部分が解釈しにくくても、わかりやすい他の部分の解釈に助けられる。他の部分を使っての推測が可能である。（私は、英語での読解力が弱いので、英文を読む時は、かなり、このような推測に頼る。ある文の中の語句がわからなくても、他のわかる文を使っての推測が働く。冗長性のありがたさを実感する。）

The Concise Oxford Dictionary of Linguistics（1997）は、次のように橋の例を使って“redundancy”を説明している。（p.311）

> 最小限必要だという程度を上まわる構造（structure）を有するという性質である。例えば、橋は、かかっているためには、ある数の構成部分を要する。しかし、現実には、橋の構造は、それ以上の部分で出来ている。

だから、ある部分がこわれても、他の部分が橋が落ちないような状態を確保しつづけているのである。〔以下略〕

こういう望ましい性質を示す語の訳としては、「冗長」は暗すぎる。特に「冗」の字は負（マイナス）の感じである。「乗せ重ねる」ので「乗重」という訳語を作ろうか。

先に（四一ページ）、私は「詳しく」と書いた。ところが、それ以後は、「詳しく」とは書かず、「くどく、しつこく」になった。

「異なる内容に切り換えてしまった。論旨が乱れている。」という非難が起こるかもしれない。かまわないのである。その非難は当っていない。

「詳しく」書くというのでは、どこを意識し、何に重点を置けばいいのかが、わからない。力の入れようがわからないのである。

とにかく「くどく、しつこく」書こうとすればいい。それなら、意識しかたがわかる。力の入れかたがわかる。つまり、繰り返して書けばいいのである。しかし、多くの場合、文字どおり一字一句変えずに同じ字を何度も書くのは不自然である。そんな文字どおりの繰り返しは、普通は、しない。少しずつ、ずらした内容を書くのである。観点を少しずらして言い換えるのである。例えば、前の文（センテンス）では言い足りないことを次の文で書き加えるという、連鎖を作るのである。

（まさに今、ここの箇所の文体はそのような連鎖をなしている。）そういう少しずつ変えた形で大体同じ事柄を書くきめ細かい文体ならば、自ずから「詳しく」書くという結果になる。

つまり、「詳しく」というのは目標である。望ましい目標である。しかし、文章を書く学生の意識としては、「詳しく」とは具体的には（書く過程の問題としては）何をどうしたらいいのかが不明なのである。

意識の自己統御（自己コントロール）としては、「くどく、しつこく」なのである。

つまり、「詳しく」は目標を示す語であり、「くどく、しつこく」は方法として機能する語である。

問題4

右の「詳しく」対「くどく、しつこく」の関係は、先の（三一－六ページ）**範例1**（『五輪書』の例）や**範例2**（自転車の練習の例）と、どこか似ている。（共通性が有る。）比較し論じなさい。

何かを学習する過程の問題である。その過程における学習者の意識集中の対象の問題である。

剣士は、相手を切り殺そうと意識すべきである。自転車を練習している子は、どんどんペダルを踏むのだ、どんどん走らせようという意識を持つべきなのである。

そして、この場合は、「くどく、しつこく」書こうと意識させるべきなのである。

Ⅲ　AさせたいならBと言え

教育学屋諸氏は、ここで「AさせたいならBと言え」という標語を思い出すであろう。この標語の発明者は岩下修氏であろう。岩下修『AさせたいならBと言え――心を動かす言葉の原則――』（明治図書、一九八九年）を見ていただきたい。

学生がコンパで酒の事故を起こす。人事不省になり救急車で運ばれる。死亡することも有る。私が教育学部長だった時、立場上、学生にこのことについて話をすることになった。この「話をすること」について、私は著書で、次のように書いた。（宇佐美寛『大学授業入門』東信堂、二〇〇七年、四四―四五ページ）

範例3

ここを書きながら、五十年も昔のことを思い出していた。若い頃の私は、しばしば飲みすぎ、泥酔したり悪酔いしたりの状態で帰った。翌朝、二日酔いで、げっそり、ぼんやりしていると、母が言った。「どうして、こんなになるまで飲むのかねえ。」
これは、まさに愚問である。（ある程度飲む経験が有る人にはわかるだろうが、）飲むという過程そのものが「こんなになるまで」「どんな程度まで」について不注意にさせ、わからなくさせるのである。飲むからこそ「こんなになる」のであり、「こんなになる」ことに気付かないのである。
「スーダラ節」も言うではないか。

　チョイと一杯のつもりで飲んで
　いつの間にやらハシゴ酒
　気がつきゃホームのベンチでゴロ寝
　　……〔略〕……

〔時雨音羽編著『増補　日本歌謡集』教養文庫、一九七四年、二四〇ページ、傍点は引用者〕

傍点をつけた箇所は心理的過程をよく表している。

　私の母は、小学校の教師をした、「まじめ」を絵に描いたような人だったから、酒は一滴も飲まない。だから、前記のような愚問を発するのである。父も小学校の教師だったが、これはまた、その町（横須賀市）の教育界では有名な「よく飲む校長」だった。父の二日酔いなど見たことが無い。これはまた、強すぎて、この場合何の参考にもならない。

　とにかく、酒の失敗に関して学生にお説教することのみなら、私は歴代十数名の学部長の中で最適任者、最高の権威だったであろう。

　私が学生たちに話したのは、次のことである。

酒というものは、どんな酒でも強い味がする。どんな味であるかは、言葉では描写できないが、ある種の辛さ・苦さ……とにかく独特な味である。だから、幼児は酒は飲もうとはしない。飲んでいると、その酒の味が淡くなる。水のように楽にスイスイ飲める感じになる。もう危いのだ。

味が淡くなったら、飲むのをやめろ。

問題5

右の範例3の私の指導において、「AさせたいならBと言え。」のAにあたるもの、Bにあたるものは、それぞれ何か。

「詳しく」とは、何をどうしたらいいのかが不明であるという趣旨を既に書いた。「くどく、しつこく」なら、わかる。意識できる。力の入れようが有る。

換言すれば、「くどく、しつこく」は行動を示す語である。「詳しく」は、そうではない。

人物Aが人物Bに何か話している。英語で話している。私は英語は苦手である。大体同じことをくり返し話している。私にはよく聞きとれないが、これが「くどく、しつこく」話しているのだということくらいは、わかる。

しかし、甲が「詳しく」話しているのかどうかは、私にはわからない。

行動の目的（目標）と行動の方法（仕方）とは区別せねばならない。そして、学習者には、目的ではなく、方法を教えるのである。それによって、自ずから、結果として目的が実現する。

換言すれば、〈Aという行動の代りにBという行動を意識させる〉という外形をとるのである。これによって、実質的には、Aという行動をさせることになる。

私は『大学授業入門』（東信堂、二〇〇七年）において、岩下修氏のまさにBと言う指導言を引用しつつ論じていた。

範例4

岩下氏と御令嬢も参加して町内から行ったキャンプでのことである。飯盒炊さんの後、子ども達に鍋を洗わせた。

担当のお母さんは「もっとしっかり洗いなさい」「もっと早く洗いなさい」と子どもたちに言う。

しかし、これでは子どもは動かず、おしゃべりしながら、のんびり洗っていた。

岩下氏は言った。

「お鍋を、ゴシゴシ洗う音が、ここまで聞こえてくるように洗ってごらん。」

さっきまでのおしゃべり声が、たわしの音に変わるのに数秒とかからなかった。

手の動きが、三倍くらい速くなった。

鍋を洗うのも酒を飲むのも行動である。だから、AとBとが有る。Aさせるために、Bを意識させBのために努力させるというひねり（転換）をなし得る。

〈講義〉においては、学生の学習行動は、不明である。講義式授業においては、学生の行動をどのように変化させるべきかを、教師は意識していない。だから、講義においては「AさせたいならBと言え。」は計画しようがない。

「味が淡くなったら飲むのをやめる。」。「適量を飲む。」をこれに置き換えるのである。同様に、「詳しく書く。」を「くどく、しつこく書く。」に置き換えるのである。

Ⅳ　プラグマティズム

私は、米国の哲学者パース（Charles S. Peirce, 1839-1914）の有名な「プラグマティズム格律」（the pragmatism maxim）について、次のように書いていた。（『宇佐美寛・問題意識集11「経験」と「思考」を読み解く』明治図書、二〇〇五年、六〇—六一ページ。なお、初出は、宇佐美寛『思考指導の論理』明治図書、一九七三年、である。）

> パースはいう。「われわれの観念の対象が、実際的な影響（practical bearings）を持つであろうようなどんな効果（effects）を持つとわれわれが考え（conceive）ているのかを考えよ。そうすれば、これらの効果についてのわれわれ

われの観念が、その対象についてのわれわれの観念のすべてなのである。」〔J. Buchler ed: The philosophy of Peirce, selected writings, 1940. p.31. この部分は、よく知られている論文 "How To Make Our Ideas Clear" (1878) にあたっている。〕われわれが、「この石は固い。」という観念を持っているとは、どのようなことであろうか。(観念が、個々の状況を越えて、複数箇の事物・事態に対応しているという性質が「概念」なのである。その意味では、すべての観念は概念である。「この石は固い。」というような「この石」という一つの個体のみについての観念であっても、その時々の無数の条件を通じてこの石の状態に対応して「固い」といっているのであり、その意味でこの観念は一般的であり、したがって概念なのである。だからパースが観念 (conception) について述べている引用文のような主張を、ここでの私の論述に借りて使っても支障はないのである。) いいかえれば、「この石は固い。」ということを知っているとは、何を知っていることなのだろうか。「もし、この石をガラスにぶつければ、ガラスは割れるだろう。」「もし、木片とこの石とをこすりあわせれば、木片にはきずがつくだろう。」「もし、この石で頭をなぐれば、痛く感じ、こぶができるだろう。」……等々を知っているということにほかならないのである。もし、このような「もし……したらば、……だろう。」を何一つ知らないのだとしたら、「この石は固い。」ということを知っているとは、いったい何ごとであろうか。「もし……したならば、……だろう。」("If……, then……")を知っている程度がまったくゼロであって、しかもなお、「この石は固い。」ということを知っている状態というのを、われわれは想像することすらできないのである。

問題6

右の「プラグマティズム格律」と先の「Aさせたければ B と言え」とを比較し共通性を述べよ。

とにかく、二種（AとB）のものを「プラグマティズム格律」の場合についても見出そうと努めるのである。有る。「この石は固い。」（A）と「もし、この石をガラスにぶつければ、……」のような、この固い石の効果（B）である。石の固さを知らしめたいのならば、その固さゆえに生ずる効果を知らしめるのである。酒の酔いの限度（A）を知らしめるためには、味が淡くなった状態（B）を知らしめるのである。AをBに置き換える。これが可能なのは、行動が働いているがゆえである。

右の二例で言えば、石をガラスにぶつける行動、酒を飲みつづける行動である。

そして、作文の場合も、〈詳しく書く〉を〈くどく、しつこく書く〉に置き換えるべきなのである。「くどく、しつこく」は、文章の行数や枚数で測り得る物理的性質を持っている。「詳しく」には物理的性質が無い。

抽象・概念・目標を具体・事実・方法に置き換えるのである。これが可能になるには、ある行動が要る。自転車のハンドルさばきの習得が目標（A）ならば、ペダルを踏みつづける行動に集中（B）すべきなのである。太刀の構えや強さを適切にしたいならば（A）、相手を切ろうという意志による行動（B）が要る。

くどく、しつこく書きたくなるようなコミュニケーションという行動が要る。それが母体である。望ましい作文技術はこの母体が働いているがゆえに習得し得るのである。

前述のように（三九ページ）、私の学生が作文を学んだのは、必要性を実感しているコミュニケーション行動においてである。教師になって「道徳」の授業をするという専門家としての意志に基く行動においてである。

Ⅴ　一文一義

くどく、しつこく書こうと意識すれば、自ずから一文（センテンス）ずつは短くなる。一つの内容だけを書いたら、その文は閉じるという、「一文一義」の文体になる。

また、そのような文体でなければ、「くどく、しつこく」という調子で書くことは不可能である。

例として、ある私立大学の文学部三年生（いずれも男子）の文章を二点挙げる。（この私立大学は、受験の観点で言えば、かなり合格しにくい「一流校」である。私は非常勤講師として、その大学で教えていた。）ただし、第一回目の作文であり、私の指導は、ほとんどされていない。作文提出の宿題の回を重ねるごとに、文章は優れたものになっていく。（何回も提出するのがいやなのか、この科目を放棄してしまう学生もいた。学生が志望している専門ではないから放棄も有り得るのである。）

Ａ・Ｂともに、波多野里望編著『なぜ言語技術教育が必要か』（明治図書・一九九二年）の宇佐美の執筆部分（「引用無きところ印象はびこる」）からの引用である。

A

道徳授業の資料

先生が引用なさっている、文部省資料五年用の手品師という教材がありましたけど、その教材の（作品）を色々な可能性、解釈を封じこめられてしまっているのはとても残念なことであろう。その時の道徳の徳目は、「相手に不誠実にされた時の経験と、その時の気持を発表させるとのこと。」「ねらいは常に誠実に行動し、明るい生活をしようとする態度を育てる。」その題才《ママ》としての価値をうんぬんしている訳ですが、もっと追及して、奉仕しようとする機会は、確かに失ってしまったことになるであろう。

やはり事実の複雑さは、もう少し考慮に入れるべきであろうと思います。（先生と同感です）

誠実、不誠実の釈度は、目に見えるものではないですから、測って、これほどというのは、難しいでしょうけど、やはり色々と検討の余地ありってところでしょう。

具体的に道徳の授業で、いかにいかすかがこれからの課題であろう。

B

「道徳教育とは」

道徳授業という物を先生は、日常の直接経験を離れた間接経験による学習であり、しかも日常の直接経験に影響を与えると述べておられる。そして後に「殺人は、悪い」などの例を取りあげて話を進められている。私なりにこの文章の主旨を述べさせていただければ道徳とは、言葉の勉強ではなく心の勉強であるということである。たしかに言葉だけで見れば「殺人は、悪い」。しかし、道徳授業においてその内容、意図を知ることによりそれが正当化される場合が生じる。このように道徳とは言葉にとらわれることなく人の心に呼びかけることによりその人の心を動かす。日本の学校において道徳とは、古来から大切にされている伝統であり、日本教育の大きな利点であると思う。心を育てる教育は、大変大切であるが、人の心に働きかけるためそれは、注意して行なわれないと思想統制になりかねない。と私は、思う。

どちらも低劣な出来の文章である。（この例のみではない。いわゆる難関校の国立大学の学生が書く文章も、これとあまり変りはない。『大学の授業』第1章「大学生の言語能力」は、「東京にある最難関の国立総合大学」の学生を例にしている。）引用が無いから、具体的でない。具体的でないから、論ずるための材料を確保できていないのである。材料が見えないから、論述を複数の部分に分割しようという意識も生じない。

例えば、Aの第一文である。次のとおりである。

> 先生が引用なさっている、文部省資料五年用の手品師という教材がありましたけど、その教材の（作品）を色々な可能性、解釈を封じこめられてしまっているのはとても残念なことであろう。

「一文一義」どころではない。一文多義である。様ざまな事柄が雑然と、たった一つの文（センテンス）の中につめ込まれている。これを「くどく、しつこく」書き改めることは、一文のままでは不可能である。

次のように、一文一義の短文の集積組織を作らなければ、「くどく、しつこく」書くことは不可能である。

複数の短文に分割すると、例えば次のように書き改めることになる。（検討する便宜のために、各文に番号を付ける。）

> ①先生は次の教材を引用なさる。②文部省資料五年用の「手品師」である。③その教材は色々に解釈できる。④解釈の可能性がある。⑤ところが、この解釈の多様な可能性は封じられてしまっている。⑥この事態に対して、先生はとても残念なことと思っていることであろう。⑦私（筆者である学生）は、そう推測する。

おそらく、この学生が言いたかったのは、右のような内容なのだろう。（原文が粗悪なので、よくはわからない。こう推測するしかない。）

右の①—⑦の七文について、いろいろな疑問が生ずる。不明確な内容だからである。例えば、次のような疑問である。

一、「教材」と「資料」は、どう違うのか。（題は「道徳授業の資料」なのである。）
二、「色々に解釈できる」……例えばどのように解釈できることなのか。
三、「封じられてしまっている。」……だれが、どのような方法によって、封じたのか。
四、「とても残念なこと」……なぜ残念なのか。
五、「そう推測する。」……どんな証拠によって、そう推測したのか。

右の五つの疑問に答える文が要る。あるいは、右の疑問が生じないように予め詳しく書いておく文が要る。

そのような文を、やはり一文一義の短文を重ねる形で、右の①—⑦の集積組織中の適切な場所に加えるべきである。そうすると、結果として、全体で、少なくとも十五前後の文（センテンス）になる。もとの悪文はわずかに一文であった。ところが、それが十五文前後を要するほど緊密で内容豊富な詳しいものになる。

逆に言えば、一文一義の短文をつみ重ねるのでなければ、詳しく緻密な文章は書けないのである。

右の文（センテンス）の形についての趣旨を私は著書で、次のように述べた。（宇佐美寛『論理的思考——論説文の読み書きにおいて——』メヂカルフレンド社、一九八九年、三〇—三一ページ）

> 1　文をなるべく短く書く。（原稿用紙でいえば、一文を三行程度以内で書く）いいかえれば、句点をはやくつける。これは、内容についていえば、一つの文の中でいろいろな事柄を書くのを避けるということである。なるべく一つの文では一つのことだけを書くということである。つまり、「一文一義」である。また、その「一つのこと」に関係が無い無駄な語句を使わないように注意するということである。（「句点をはやくつける」とは○の数を多くすることである。私は受講生に「○一つを五百円玉だと思って、なるべく多くかせぎなさい。」と言う。）

VI　切実な必要感

先に**一**「具体的に」と**二**「詳しく」の原理を強調した。

まさに具体的にこの二つを言いかえれば、一は「例えば、」の原理であり、**二**は「つまり、」の原理である。「例えば、」と書いて、論旨を具体例の提示に進める。「つまり、」と書いて、少しずつ観点を動かしつづける。（実際には、「例えば、」「つまり、」という字は顕わに書かれてはいないこともある。しかし、その場合でも、具体性と冗長性は強いのである。）

このような文体で、書きたいこと、書くべきだと思うことを書く。しかも、読ませたい相手を意識して書く。読ませる目的を持って書く。

要するに、切実な必要感が有るコミュニケーションにおいて、「具体的に」「詳しく」書くのである。

学生は、右のような状態で書けば、次のような文章を書けるようになる。かなり良く出来ている文章である。つまり、コミュニケーションの相手である私が何かを知らされ考えさせられるような効果が有る文章である。いずれもかつて拙著『大学の授業』に収録したものである。

（ここに挙げた作文は、いずれも四百字詰原稿用紙一枚の量である。「詳しく」書く練習をするためには、この「一枚」という量は少なすぎる。だから、回数を重ねて書きなれた頃、もう一枚増やして「二枚」にすることもある。）

ア

二つの領域

先生は、次のようにおっしゃっている。「子どものある言動を認め促し、ある言動を否定し禁ずるという働きかけをしているときには、それが必ず道徳教育になっています。」果たしてそうであろうか。いやちがう。それは、次の理由による。理科の授業で、地球の内部の構造を教えるとしよう。この時、子どもは、地球の内部に核やマントルがあることを知る、という言動を認め促される。同時に地球の内部は全部土であると信じる、という言動を否定し禁じられる。しかし、これらのことは、社会的状況の中での個人の意志決定になんの影響も及ぼさない。先生がおっしゃる「道徳とは、社会的状況の中での個人の意志決定のことだ」ということと、合わせて考えよう。すると、理科の授業で地球の内部構造を教えるということは道徳教育とはいえない。「『道徳教育』とそれ以外の教育との二つの領域があると考えるのは、まったくの誤り」ではないのである。

イ

国語科の時間で十分と言い切れるのか

宇佐美氏は言う。

「要するに、国語科の時間に道徳的に十分に掘り下げられているはずなのです。赤鬼・青鬼の人柄と言動がよくわかるはずなのです。もう、それ以上『道徳』の時間がすることは残っていません。」

本当に、国語科の時間で十分なのであろうか。いや、十分であるとは言えない。それは私の受けた国語科の授業の経験に基づく次の二つの理由からである。

一、登場人物の人柄・言動の理解が一つに決定される。試験が存在する限り、言動についての読み取り方は一種類であり、その他は間違いとされてしまうということである。
二、「道徳的な内容」について話し合いをする時間的余裕がない。段落の構成・文法・語句・漢字等の指導をしなければならない。よって、例えば「泣いた赤鬼」であれば、友情について話し合いを行う時間は、ないのではないだろうかということである。

ウ

手品師の言葉への批判

資料「手品師」の中に次のような文がある。

男の子は、さびしそうな顔で、おとうさんが死んだあと、おかあさんが働きに出て、ずっと帰って来ないのだと答えました。

「そうかい。それはかわいそうに。それじゃおじさんが、おもしろいものを見せてあげよう。だから元気を出すんだよ。」

この文章に問題がある。理由は次の二点である。

一、片親で育ったからといってかわいそうだとは限らない。親がいなくても、幸せに育った人はいる。親がいないだけでかわいそうと決めつけるのはおかしい。
二、片親しかいない人や両親共にいない人は増えている。親がいないだけでかわいそうだと決めつけるのは侮辱につながる。筆者にその意図がなくても読書に誤解《ママ》を生む可能性がある。この文章は手品師が男の子を見下している。それは親がいない人への差別につながる。

エ

病気は「悪魔」ではない

「『おそれ』『にくしみ』『病気』『わがまま』『いかり』『ねたみ』は、なぜ、悪魔なのでしょう。」(178ページ)

病気は「悪魔」だろうか。確かに病気はつらい。私は流感程度の病気しか経験がないが、それでも、つらく苦しい思いをした。生死に関わる重い病気の人のつらさ、苦しさなど想像もつかない。だが、病気をしたことから良い結果が生じることがある。十五代目片岡仁左衛門氏は、数年前に患った大病について次のように語っている。(『週刊朝日』、一九九八年一月一六日号)

「それ〔大病〕以前に襲名することは決まってたんですけれども、決まってからも悩んだんですよね。逆に、病気を境に決心がついたんです。」

病気をした経験がその後の人生に良い影響を及ぼした、という話はよく耳にする。「病気は悪魔である」と言い切ることに、私は抵抗を感じる。

オ

社会的状況は人間との関係においてだけなのか

先生は次のようにおっしゃっている。「社会的（人間との関係における）状況での言動のための意志決定が道徳である。〔六七ページ〕（人間との関係における）という限定は必要なのか。私は家で犬を飼っている。この犬は少し人間嫌いで人にかみついたりする。散歩に行くと、子供達が近寄ってくる。さわらしてあげたいのだが、かみついて子供にけがをさせるのが心配だし、子供がこれを機に動物嫌いになってしまっても困るので私は子供達に謝って子供達から犬を遠ざける。そして犬の綱を短く持つ。この場合において、狭いが「社会的状況」には、私と子供と犬がいる。子供に謝ってさわらせないようにするのは人間との関係による意志決定である。しかし犬の綱を短く持つのは、飛びつこうとする犬をおさえるためで人間と犬との関係による意志決定である。だから、「人間との関係における」という限定は必要ではない。

右のア・イの作文が論評対象としている教科書は、宇佐美寛『「道徳」授業をどうするか』（明治図書、一九八四年）である。ウ・エ・オの年度の教科書は、宇佐美寛『「道徳」授業に何が出来るか』（明治図書、一九八九年）である。

右の二つの教科書は、（そして、それ以前の年度に使っていた教科書、『「道徳」授業批判』も）いずれも、具体的素材を提供し、それに対する著者の問題意識を述べている。

だから、これらの教科書に対しては、読者は何の判断もしない無関心な状態ではあり得ない。つまり、教科書の内容が問題意識を喚起し、学生を黙ってはいられない「血が騒ぐ」状態にする。学生は、自分の思いを教師にわからせたいと思う。

作文の指導には、学生の内部に、このような、「書かずばやまじ」という状態が働いていることが必要である。何よりも重要である。

先に述べたように（六－七ページ）、相手を切り殺そうという意志、自転車で走ろうという意志の存在こそが大前提なのである。この意志が働いていれば、諸々の技術は自ずから生ずる。いわば後からついてくる。

つまり、コミュニケーション状況が成立していなければならない。（英語では、「レトリック状況」a rhetorical situation と言う方が、わかりがいいだろう。）

第3章　形式主義の作文——コミュニケーション離れ——

I　〈目的〉と〈相手〉

低年次学生に対する（いわゆる「教養教育」の類いのカリキュラムにおける）作文指導科目では、どのような指導がなされているか。

一　例えば、学生は文学作品を読んで感想文を提出する。

問題7
右の「学生は文学作品を読んで感想文を提出する。」という一文だけでは、あまりに簡単不明瞭である。いろいろ疑問が生ずるだろう。また、この一文の意味がわかったとしても、なお疑問・批判が有るだろう。

疑問・批判を挙げよ。

例えば、次のように、疑問・批判が出るのは、当然である。

1.「文学作品」……学生各人がそれぞれ違う作品を読むのか。それによって書いた、それぞれ違う「感想文」を授業のクラスで、全員がわかるように扱うのは、不可能ではないか。

2.もし、全員が同一の作品（例えば『坊ちゃん』）を読むとしても、なぜ「感想文」を書かねばならないのか。「感想文」は、何の目的で、だれに読ませるコミュニケーションなのか。目的も相手も不明では、力の入れ所がわからない。評価の規準も成り立たない。

3.各人が感じたことをそのまま書けばいいのだから、内容はそれぞれ異なり、ばらばらである。評価の基準も成り立たない。そんなたるんだ文章を提出させても、処理のしようがない。

4.「書かずばやまじ。」という切実感・必要感が有るか。

二 テーマ（多くの場合は、短い語句にまとめられたもの、例えば「大学教育の意義」）を与えられて作文する。

これも、どんな相手に対して、どう影響する目的で書くのかが不明である。

また、何の予備知識も持っていなければ、調査して資料を得なければならない。「作文」の科目の中で〈調べる〉という学習活動まで指導しなければならなくなる。これは無理である。不適切である。

〈調べる〉ことの指導は、別の隣接・関連の科目で行うべきである。「作文」は、手持ちの資料・知識で思考した内容を文章化すればいい。力を入れて指導すべきは、この〈文章化〉である。もう「作文」の科目の内容は、それで十分である。それだけでも、ずいぶん時間とエネルギーを要する指導なのである。目標を限定すべきである。

「道徳教育」という科目において私がした作文指導の実践を思い出していただきたい。学生は教科書を詳しく読み、教科書の内容について意見・疑問を書くのであった。教科書以外の情報は（学生が求めるのは自由だが）教師としては特別な配慮はしなかった。

読み書きを重視して指導する科目では、教科書が、必要な情報を保障すべきである。教師は、そのような、確実な内容を提供する教科書を書かねばならない。

そして、学生は、この教科書を緻密に一字一句を大事にして読むのである。緻密に読むからこそ、自分の作文を緻密に書くことが可能になるのである。

教科書の外側で〈調べる〉活動を課するというのは、この緻密に読ませるという指導と矛盾する。学生のエネルギーは分裂・拡散し、力を発揮し得ない。また、教科書の外側で調べさせるのは「教科書を一所懸命に繰り返し読む必要は無い。」と暗に示唆する機能を持つ指導に堕するおそれがある。つまり、そのような「かくれたカリキュラム」(a hidden curriculum) の機能を果す指導になる危険性が有る。

誤解されては迷惑である。私は物事を調べる活動自体がいつでも悪いなどと言っているのではない。調べること自体は良いことである。それを〈作文〉の目標からは切り離せと言っているのである。〈作文〉とは別に重視されるべきものである。〈作文〉は特に調べなくともすむ範囲で教えるべきものである。

三　例えば、「後輩に今の自分の大学を紹介し、進路として積極的に勧誘する大学紹介文を書いてみよう」という「練習課題」の実践例が有る。（金子泰子「大学初年次生のための単元学習の試み――書くことの喜びを共有する文章表現指導――」『月刊・国語教育研究』第四四四号、二〇〇九年四月、日本国語教育学会編）

二百字の作文である。

問題8
先の問題7と同様に、この実践について生ずる疑問・批判を書きなさい。

例えば、次のような疑問・批判が生ずるのが当然である。

1．「二百字」は短かすぎる。「くどく、しつこく」書くのは不可能である。

2．それに、後輩の進路決定に関わる文章なのである。良心的でなければならない。正確に具体的なデータを示さねばならない。その意味でも、「二百字」は短かすぎる。

3．「積極的に勧誘」するのである。当然、他の大学との比較がされなければならない。その意味でも、「二百字」は短かすぎる。

4．これを書く学生は、まだ「初年次生」なのである。この大学の良さも悪さも、よくわかっていないはずである。「積極的に勧誘」するのは、無思慮すぎる。軽率である。

5．右の4とも関わるが、学生はとうてい本気にはなれない。本気で燃えて「積極的に勧誘」する気にはなれない。書く必要感が欠ける。「書かねばやまじ。」という気迫は無い。本気でなければ、文章を書くコミュニケーションをする気にはならない。全ての学生は、この大学を本当に良い学校だと思っているのだろうか。

要するに、「仮りに良い大学だと思って、仮りに積極的に勧誘すると思って……」作文することになる。その気になって書こうと努めるのである。やはり、無理がある。

かつて、学生が書きたいと思って自発的に書いた文章が有った。学生運動のビラであり立て看である。一九七〇年前後、私は千葉大学の助教授だった。「厚生委員」として学生の運動家たちと激論をかわした。彼らのビラは、いずれ研究しようと思って、かなりの枚数を集めた。

本書では、本務校の千葉大学ではなく、非常勤講師をしていたある私立大学のビラ二点をお目にかける。（大学名は匿した。また、原文は横書きであるが、本書の体裁に合わせて縦書きに直した。）ただ、分量の均衡の問題が有り、ここのページに置くには長すぎる。本章末の「第3章付録資料」の部分（九九－一〇二ページ）に移して収録した。

二点とも稚拙な文章である。感傷的である。陳腐な紋切型の語句（いわゆるcliche）を多用している。つまり、現実を自分の頭で正確に把握する努力が表れていないのである。

しかし、これらのビラは、少なくとも、目的が有って自発的に書かれたものである。読ませて影響を与えたい相手が有って書かれたものである。そして、現実の事態に関わって書かれたものである。

実際にこれらのビラは、コミュニケーションとして作られ、配られ、読まれている。つまり、コミュニケーションの媒体としての要件は存在する。

だから、これらのビラはこのビラの大学では教材になり得る。授業で厳しく分析・批判し書き改める学習活動が可能である。授業に耐えるだけの現実性があるからである。

現に、私は千葉大学での紛争当時、学生のビラを「教育哲学演習」の教材として使って作文を教えた。（夜間部である工業短期大学部に自衛官が通学する。勤務時間外である。それに学生が反対し大学本部を占拠・封鎖した紛争である。）（そして、現在、たいていの大学では、学生の作文学力は低下しているから、あの一九七〇年代の水準のビラは書けないだろう。）


私は著書『授業研究の病理』（東信堂、二〇〇五年）で次のように書いた。（同書、一四九ページ）

> 一九九三年―一九九七年の四年間、選ばれて千葉大学教育学部長を務めた。
> 学部長として学部教員に話したい考えはいろいろ有る。しかし、全員に話す機会はなかなか無い。
> 教授会は個々の議題を議して学部としての意思決定をする会議である。その議題に即した具体的議論をするべきであり、学部長の基本的・包括的な思想など話している余裕は無い。それに、何しろ学部長が議長を務める教授会の議事は二時間以内で終らせるというのが私の公約だったのである。（教授会は原則として月一回である。）
> そこで自分の意見を「学部長意見書」という文書にして全員に配った。四年間で二十篇ほど書いた。

そして、その中の三篇を同書に載せた。

そして、さらにもう一度、その中の一篇を本書に載せる。

なぜか。まさに、自ら望んでいるコミュニケーションとして書いた文章、読み手に働きかけようと意図した文章の実例だからである。

私は、当時、この文章を書きながら、緊張を伴った壮快を感じていた。だれに対して何をどう書けばいいかがわかって書いていたからである。こういう壮快を学生にも感じさせたい。それが「作文」の教育である。

特に大学教員である読者は、宇佐美がどんな読者を考えながら書いているかを推測できるであろう。例えば、批判の対象である○○氏、その仲間たち、宇佐美に対し共感的な教員、一般の教員……、それぞれに対し、宇佐美はどう気を配って書いているか。だれを意識して「くどく、しつこく」書いているか。

原文は横書きであったが、本書の形式に合わせて縦書きに直す。

また、文中の「○○氏」は、原文では、もちろん実名で書かれていた。「武士の情」で、本書では、名を伏せて「○○氏」とする。

教授会構成員　各位

平成七年一一月二八日

教育学部長　宇佐美　寛

会議における正常な言論のあり方について
――「教員採用試験模試」問題を例として――
（学部長意見書）

一一月教授会で、〇〇〇〇氏は標記の模試に反対しましたが、氏の動議に同調する人は無く、動議は否決され、模試は来年度も行うことが決定されました。

教授会議事の形式としては、これで万全です。教授会とは、ある提案についてイエスかノーかを決める場なのですから、〇〇提案に対する「ノー」を決めれば、議事としては完結です。もう会議の場で述べることは無いはずです。

それでいいのですが、あの議事に関しては、学部長として考えがあります。みなさんにお考えいただきたい問題点がいろいろあります。学部の将来にも関わる原理的な問題点です。つまり学部における責任ある意見表明のあり方の問題です。

しかし、議長としては、能率的かつ論理的な議事整理をするので手いっぱいです。学部長としての原理的考察を述べる余裕はありませんでした。（何しろ「教授会は、二時間以内で終らせる。」というのが、私の学部長就任当初の公約なのです。）

だから、ここでゆっくりと私の考えを申し述べます。もちろん私の考えに反対の人にも言論の自由があり、私はそれを尊重します。庶務係に文書をお出しください。全員のメイルボックスに入れます。

I　あの模試を今年度行うことは、すでに昨年度中の教授会で就職委員長から話され認められていたのです。先日の教授会は、それを引き続き行うというだけの話だったのです。だから、議題でなく報告事項にすぎなかったのです。したがって当然の疑問が生じます。

〇〇氏は、なぜ昨年の時点で反対しなかったのでしょうか。また、なぜ昨年は反対しなかったということの責任を感じ言い訳することさえせず、今年反対できるのでしょうか。

答えは簡単です。多分、教授会を欠席していたからです。「多分」というのは根拠があります。〇〇氏の昨年度の出席状況がひどく悪いからです。

四・一欠、四・一四出、五・一二欠、六・二出、六・九欠、七・二八欠、九・一四出、一〇・二〇欠、一一・一〇欠、一二・八欠、一・一二出　……といったぐあいです。

出席した場合の遅刻早退については、議事録には記されていませんが、見ていればわかるように、氏の場合、相当なものです。

したがって、もう一つの不思議を感じます。こんなに欠席していてよく発言できるものだと感じます。たまに出てきて、長話したり議長に対し妨害的野次をとばしたりしているのです。まじめに出席している教官、三八度の熱があってもひたすら水を飲んで耐える議長に対し、たまに出てくる氏が教授会のあり方や学部長の心得について長々とお説教しているのですから、これはもうマンガの世界です。こんなに欠席している人がまじめに出ている人に何か教えることを持っているのでしょうか。われわれ教官は、そんなに愚かではありません。氏の主張が多数の支持を得て通るという場合が全然無いのは当然です。

みなさんにお考えいただきたい原理的問題は、「欠席したものは、その分ハンデを負う。その分発言権を失う。」ということです。（だから、私は二九年間で欠席は四回だけです。）

○○氏の質問は、かなりの場合、すでに教授会で話が出たこと、出席していれば質問しなくてすむことです。だから、私は何度も「それはもう話しました。」と言いました。欠席していた時の議事内容について知らないのは、欠席していた自分が悪いのです。知らないことについては、まず同僚にたずねる、配布資料をよく読む等の手順を踏むべきです。いきなり教授会の場で質問してすでに話した人聞いた人の貴重な時間を奪うのはやめましょう。

また、教授会ですでに決定した結論を、その時欠席していた人が後になって覆し否定しようとするのは大変です。それなりの覚悟はしてください。まず、欠席して審議に参加せず今ごろになって議論をむしかえす失礼のおわびくらいは言ってください。そして、それが決まった時の論議では出なかった新たな論点、新たなデータを出してください。そうしなければ、自分の出欠の都合での再審議を全員に強いたことになります。

○○氏は、このようなマナーもルールも守りませんでした。「大学は私企業に関わるべきではない。」などという粗雑な抽象論を述べただけでした。支持されないのは当然です。

○○氏は就職委員の一人です。委員長の報告によると、就職委員会の席上でも、この模試の継続に反対したそうです。一対残り全員という採決結果で、氏の主張は通らなかったのです。

委員は各教室から選出されてきた教室代表ですから、この結果は学部の世論だと言っていいでしょう。

だから、私は不思議に思います。なぜ○○氏は教授会でも委員会と同じことを主張したのでしょうか。委員会で否決された主張を教授会でよみがえらせて通すためには、委員会では出されなかった新たな論点やデータを出すべきです。

相手以上に目線が低い具体的な資料が無ければ議論に勝てるはずはありません。そういう汗をかく努力をしないのならば、教授会で反対しても無駄です。全教室代表が出ている委員会と教授会とで同じ内容の論議をくり返すのなら、委員会は不要になります。

同じことを何度もくり返して言うのが有効なのだと思っているから、だらだらとくり返しの多い長話になるのです。同じことを何度も聞かせる長話を強制するのは無礼です。

○○氏は、委員会・教授会において、いったい何の資格で発言したのでしょうか。

就職委員は教室を代表しているのです。それなのに、これだけの重要な反対をするのに、氏は教室会議に全然はかっていないそうです。報告もしていないそうです。（私が教育学教室に籍をおく身でありながら、「……そうです。」というのは、学部長就任以来ほとんど教室会議に出ていないからです。最初は単に多忙すぎたからですが、結局「学部長は特定の一教室にとらわれず超然たるべきだ。」と思うに到ったからです。）しかも、教授会での採決でも明らかなように、○○氏以外の教室員は全員○○氏には反対なのです。

要するに、氏は教室から選出されていながら、教室には何も言わず何の情報も提供せずに、教室の他の人たちとは正反対の主張を教室外でしたわけです。

この人物に、「学部長は必要な情報を教授会に提供すべきだ」などというお説教（平成七年三月教授会）をする資格はありません。また、氏は普遍教育の履修基準の問題で、全学教育委員会委員をつるし上げ、「教授会にはからずに約束をしてきた。」という趣旨の非難をしました。（平成七年一月教授会）もちろん、これは言いがかりに過ぎなかったのですが、氏はすっかり悪のりして、議長が「他学部が」と言葉を発したとたんに「他学部はどうでもいい!」と野次りました。（氏は「宇佐美ごとき者の考えは最初の一語だけ聞けばわかる。」と私をなめているのでしょう。）他にも何度も野次をとばしました。これだけ全学委員のとった手続きを独走扱いし非難したこの人が今回のような教室無視をする人と同一人物だという事実をどう説明したらいいのでしょうか。

教育学教室は、教室選出委員のこのような態度を許容するのでしょうか。他教室の人は、教室選出委員の意見は教室の意見なのだと思うでしょう。当然です。

このような教室選出委員の独善的暴走は、たまたま〇〇氏一人だけだから、これですんでいるのです。三、四人もこんな人が出て来たら、学部の委員会制度は完全に破綻します。

それを言えば、氏の長話、お説教、野次もそうです。一人だからこれくらいですんでいるのです。三、四人もいたら教授会は麻痺します。つまり、客観的に言えば、〇〇氏は他の人びとが良識的だからこそ、それに甘えて非良識的言動をなし得ているのです。

議長の発言を途中でさえぎる妨害的野次、議長の勧告を揶揄してまでの長話の押しつけ（平成七年一月教授会）……これらについて〇〇氏は謝ったことがありません。謝らないでその後そのまま発言が出来る、とくに議事運営のあり方についてお説教めいたことが言えるというのは、まったく不思議です。氏の辞書には「反省」という語は無いようです。

私は一一年前の昭和五九年一一月教授会には、「議事運営の合理化について」という議題を提出しました。〇〇氏の反省を教授会として要求しようという提案でした。

その後一一年間の経過を見ると全然効果は無かったようです。

また近くは平成五年一月教授会です。〇〇氏は議長の許した時間を越えてまで学部長選挙で自分に投票するよう訴えました。「文部省との太いパイプ」など、今どき「田舎政治家」でも顔赤らめそうな野暮なせりふでした。この力みかたにもかかわらず、支持は全然無く第一次候補にも入りませんでした。みなさんは、それほど氏に対し批判的なのです。氏はこの時点で反省し、以後の発言をつつしむべきだったのです。

自分は汗をかかないのに、具体的な仕事で汗をかき胃に穴をあけている人に対し抽象論で文句をつけたりあげ足をとったりする、自分自身の言動が全く矛盾しているのに抽象論できれいごとの建前を言う、他人にきびしく自分に甘い……こういう「口先民主主義」の横行をおそれます。私はこれまで、このような「口先民主主義」に対し甘すぎてみなさんに御迷惑をかけたと思います。やわな学部長であることを恥じ、反省しております。「怒るべき場面気弱く見送りてその怒りいま己れに向かう」が私の心境です。申しわけありません。

Ⅱ

〇〇氏によれば、大学は営利目的の私企業に関わるべきではないのだそうです。

耳を疑いました。日本は共産主義国だとでも思っているのでしょうか。

おかげ様で近く附属中学校校舎の建替が行われます。この工事の発注先が私企業ではいけないとすると、どこに頼むのですか。

また、私は授業で自分の著書をテキストにしています。学生が買うことによって私企業である出版社も私人である著者も、ある利益を得ます。これは、なぜいけないのですか。

要するに取引関係の相手がだれであろうと、相手がどんな意図・動機を持っていようと、契約の手続きが公正で（リベートやわいろなどとらず、十分に広い範囲から入念に相手を選んで）、良いものを適正な価格で買えばいいというだけの話です。

情報もただではありません。学校は情報を売り買いする所です。この模試も、ある出版社から情報を買って学生に提供しているわけです。就職委員会は、十分に上記の公正・適正に意を用いたと聞いております。それでいいのです。

情報の取引相手の意図・動機まで吟味するのなら、非常勤講師でも、自分の名誉のために、ひいては自分の利益のためになりたがる人がいます。（筒井康隆『文学部唯野教授』にも、何とかして非常勤講師になりたがっている人物が出てきます。）しかし、そんなことは外から見てはわかりませんし、かりにわかっても、どうでもいいのです。良い価値ある情報をもたらしてくれる講師なら、それでいいのです。

○○氏によると、受講している学生が少ないとのことでした。氏は、かりにも就職委員なのですから、調べてから批判するべきです。模試受験の人数は次のとおりです。第一回目八二名、第二回目六九名、第三回目一〇八名です。これを単純に合計すると、のべ二五九名です。多少、複数回受験した学生もいるようなので、実数はこれよりは少ないでしょうが、どう見ても「少ない」と評されるような数ではありません。

汗をかいて（というほどの手間ではありませんが）調べてから、ものを言うべきです。調べもしない口先だけの批判はやめましょう。

役立つ模試なら金を出してもいいのです。

「役立たない」と批判する人に（○○氏にも）問います。次の三つの調査をしましたか。

1．諸都道府県の試験問題を調べる。

2. 学生（上学年次生）が今までの授業でどこまでそれらの試験問題に該当する内容を教わっているかを調べる。
3. 模試内容を調べる。
これらの調査をしないで「役立たない」と批判することは出来ないはずです。また、就職委員長・副委員長ならこれくらいの汗はかくべきです。（就職委員会は、このように自分から仕事を作り、仕事を追いかけるべき委員会です。仕事が来るのを待っていてはいけません。これに対し入試委員会は、独創的に仕事を開発するのが難しい委員会です。）

私は、1. 2はある程度しました。例えば、二年前のことですが、三年次後期の学生約百名のクラスでたずねました。全員「ジョン・デューイ」を教わったことがありませんでした。千葉師範附小の「手塚岸衛」も教わっていません。要するに「新教育」関係の知識は得ていないのです。私はとりあえず、課題図書である『窓ぎわのトットちゃん』のトモエ学園を例にしていろいろ話しておきました。

とにかく、少なくともこの時点での教育学教室関係者には「模試は役立たない」などと言う資格は無かったはずです。（それとも、教官は教えないが、学生は自学自習せよとでも言うのでしょうか。自学自習でも楽に受かったのは古き佳き時代のことです。）
○○氏は授業内容を検討しようという趣旨の発言をしました。こんな発言が模試に対する「代案」なのだそうです。
こんな抽象的な評論をしているから、教授会は長引き、しかも何も決まらないという結果になっていたのです。

氏は「……を考えて下さい。」「……を検討しよう。」といった評論が会議での提案だと誤解しているようです。会議というものが全然わかっていないのです。会議での提案は、「○○をどうするか考えてください。」や「○

○を検討しよう。」であってはいけません。それは評論にすぎません。「自分は○○を……という状態に変えたい。『イエス』と言って賛成してくれ。」という論理であるべきです。明確な政策意思への承認を求めるのです。（学部長就任以来の学部長提案が十数件あり、すべて可決されたのですが、どの提案もこの論理です。）

評論と提案との区別のためのいい例は、昭和六二年二月の研究科委員会です。たまたま研究科長の都合が悪かったので、大学院委員の私が議長をしました。ある教室の非常勤講師審査書類の不備をM教授（もう退職しておられます）が指摘し「以前もこの種の不備を指摘した。それなのに、これだ。みんな考えてもらいたい。」という論旨を言いました。私はそれをとり上げませんでした。「提案ならだれに何をさせたいのかという意思を言うべきだ。」という趣旨を言いました。○○氏は野次をとばした上で、「議長はみんなにはかれ。」という要求をしました。冗談ではありません。提案の体をなしていない「評論」は会議ではかるべきものではありません。「この書類を○○教室は……の形に○月○日までに直せ。議事は○月の会議で行え。」という意思を言うのが提案なのです。何か感想を述べれば議長が提案の形式にまとめてはかってくれると思うのはとんでもない甘えです。そんな他人頼みの甘ったれた感想が政策として支持されるはずはないのです。自分の提案者としての責任を果たさない甘ったれ民主主義、万年野党的民主主義です。

教授会の時間が「二時間」におさまるようになったのは、「教授会は提案に対するイエスかノーかを決める場である。評論を述べあう場ではない。」という大原則を大方のみなさんが支持し実行してくださるようになったからです。ありがとうございます。

○○氏は代案無しで、評論しか出来ないのに、十分に具体的な委員会案に反対したわけです。支持されるはずはありません。

氏がまずするべきは自分自身の授業内容の公開です。年間にどんな事柄を教えているかを細かく示すのです。

（私自身の「道徳教育」については前述のように自著をテキストにしていますので、内容は明示されています。）また、それと同様に例えば「教育学Ⅰ・Ⅱ」で最低共通に教えるべき事柄を細かく列挙すべきです。身を挺して自力で具体的なたたき台を示すべきです。自分は汗をかかないで「このような問題を検討してもらいたい」などと他人に要求するのは、「口先民主主義」的評論であり、とうてい「提案」と呼ぶに値しません。
以上、教室・委員会・教授会を通じての責任ある言論のあり方について、学部長としての意見を申し述べました。反論したい人は、文書を庶務係に出してください。全員に配付いたします。（もちろん、私が納得できない内容なら、それを批判する学部長意見書を出すことになると思います。）

問題9
この文章なら、宇佐美に反感を持つ者も戦意を失うだろう。なぜか。（事実、だれからも、何の反論も無かった。「抑止力」は十分だったのである。また、私は論争などしたくはなかったのである。なぜか。）「蝮（まむし）の頭はよくつぶせ」という金言を実行しているのは、文章のどこか。

Ⅱ　文（センテンス）の指導

さらに、低年次生に対する作文指導で見られるもう一つの類いの実践は、形式を教える実践である。しかも、実際に文章を書かせる量がろくに無いのに形式だけを先だって教えているのである。

例えば、「『主語―述語のねじれ』を作るな。ねじれが有る場合は、それを正せ。」という形式的な教えである。短い例文を使って教えている。

主語―述語のねじれとは、例えば、学生が書いた次のような文（センテンス）の形である。

> 授業をした経験がない学生である私がまず言いたいことは、「手品師」はどこの話なのか、いつの話なのか、どこに力をいれるのかまったく不明である。

もちろん悪文である。

しかし、右のような形式主義者は、このねじれの形に注目して、文（センテンス）の終り方を正させようとする。そういう誤りをおかす。つまり、彼らは

「「……まったく不明だということである。」と、傍線の部分を工夫させようとする。

つまり、

「……言いたいことは、……ことである。」の形の文に直させようとするのである。（「ことこと文」である。）

これは、現実に機能する文章を真剣に書こうとする者の文体ではない。

「主・述のねじれ」を気にするのは、ろくに走りもしない自転車に乗ってハンドルさばきだけ気にするような形式主義である。

また、まじめに相手を切ろうという気迫が無いのに、太刀の振りの強弱という形だけを学ぼうとする道場剣法に過ぎない。

初めから「ねじれ」など生じようがない、一文一義の短文の文体で書かせればいい。それだけのことである。

ところが、学生は、次のような「……ことは……ことである。」という「こととこと文」を書く。

授業をした経験がない学生である私が先ず言いたいことは、「手品師」はどこの話なのか、いつの話なのか、どこに力を入れるのかまったく不明だということである。

私はこれを板書してやる。（あるいはコピーにとって全員に配る。）

二百人くらいのクラスである。「全員、立ちなさい。」と言って起立させる。

「二千五百円以上かせいだ者は座っていい。」と言う。つまり、マル（句点）一箇を五百円玉だとみなすように教えてあるのである。（五六ページ）句点五つ以上を挿入しなければならない。座った者は、すぐノートにその文案を書く。

私は、「三千円の人は？」「三千五百円の人は？」……と言って挙手させ、自分の文案をゆっくり読み上げさせる。

あるいは、板書させる。

「かせぎ」が多い者に対しては「えらい！　金持！」とほめる。全員に与えるスローガンは「万事、金の世の中だ！」

である。

このように授業中、明確な学習活動を要求する課題を適宜与えていれば、二百人のクラスでも、私語、あくび、いねむり、ほおづえは生じない。（詳しくは拙著『大学の授業』『大学授業入門』を見ていただきたい。）

「主語―述語のねじれを無くせ。」と言っても無駄である。「ねじれ」が望ましくないということは、学生は、とっくに知っているのである。

学生に言うべき言葉は、「五百円玉をかせげ！」である。

右は、まさに「AさせたいならBと言え」の関係である。

なるべく多くの五百円玉をかせごうとして書くと、例えば次のような短文の集合体に変形し得る。（分析・検討の便宜のために、一文ずつ番号を付けておく。）

> ①私は学生である。②だから、授業をした経験は未だ無い。③そのような私は、まず次のように言いたい。④一、「手品師」はどこの国を材料にした話なのか。⑤二、いつの時代の話なのか。⑥三、どこに力を入れて教えるべきなのか。⑦右の一―三に対する答えがまったく不明である。

このように、少なくとも七文（三千五百円）にはなる。文は思考の単位である。文のこの役割を明確に具体的に意識して、短文を積み重ねる（組織する）。そうすれば、「ねじれ」など生じようがない。

右の書き直しの文例で、③に注目していただきたい。

③そのような私は、まず次のように言いたい。

この「次」という語が良い。「次」は、それ以後の複数の文の内容を予告する。つまり、それ以後には、「私」が「言いたい」内容の文が書かれているのだという予告である。（何となく書いているうちに書けてしまったという無自覚な、構造不明の文章では、この「次」という語は出て来ようがない。）

「次」によって、文章の書き手も読み手も、それ以後についての覚悟が出来る。そこで、安心して、少しずつ（五百円玉をなるべく増やしながら）ゆっくり、じっくり書き進めればいい。この書き直しの文例のように「一、……。二、……。三、……。……」という数字付きの列挙の形になるのは自然である。

「次」については、私は、かつて次のように書いていた。（宇佐美寛編著『作文の論理』東信堂、一九九八年、八九ページ）

「理由は次の三つである。」……こういう前置きの文があると、読者は安心し落ちついて読める。「ああ、この後は理由が三つ書かれることになるのだな。」と思い、頭の準備が出来た状態で読み進め得る。（何となく読み進み、ある所まで読んでから、「ああ、今読んだのは理由だったのだ。」と気づくのとは大分違う。）

> 「理由は次の三つである。」という文は、読者への約束をした文である。すぐ（「次」というのだから、「すぐこの後」のことである）理由を三つ知らせるぞという約束である。
> 「次」とは、まことに誠実でりりしい語である。次の部分に何を書くかの覚悟があるからこそ書ける文字である。（何となく書いているうちに書けてしまったという文章では、「次」という字は出て来ない。）
> だから、授業では、私は次のように話す。
> 「つぎ（次）という女は、本当にえらい女だ。つぎに励まされて自衛隊に入って番号をかけよう。『番号！』『1』『2』『3』……。1は1である。2は2である。『まず』『最初は』『第一に』『まず1』『次に2』『終りに3』などと番号をかけたら上官に怒られる。」

これに対し、「こと」は、一文を長くし、五百円玉をかせげるはずの箇所を無駄にしてしまう。

また、「……こと」は、……の部分の意味をあいまいにする。「こと」を明確な他の語に代えるとそれがわかる。

私が、かつて次のように論じたとおりである。

（『宇佐美寛・問題意義集2　国語教育は言語技術教育である』明治図書、二〇〇一年、一五七―一五八ページ。初出は『小学校学級経営』一九九一年八月号。）

> 学生が書いた作文の一段落である。

福田自治相は次のように述べている。「……〔引用略〕……」このことは、選挙浄化運動に反することが行なわれているということを示唆していないか。〔例文1〕

この「……か。」の一文の中に「こと」が三つもある。私は「この、コトコト言っている悪文を良い文に書き直しなさい。」と指示する。

書き直すと、例えば次のような文になる。

この言葉は、選挙浄化運動に反する行為が行われているという事実の存在を示唆していないか。〔例文2〕

右の「事実の存在」は「事態」でもいい。

論理的文体は、次の各項を区別すべきものである。

1．観念（思考・思想……要するに、頭の中）
2．言葉（要するに、舌の先、筆の先）
3．行為（行動・経験……要するに、体の動き）
4．事態（事実……要するに、1～3を含み得るような総合的な出来事・状態）

ところが「こと」は、右の学生の作文でもわかるように、この区別を出来なくさせている。全てを不分明に、筋目無しの霧の中のような状態として見る鈍（にぶ）い頭を作っている。

「こと」を追放し、右の1～4の区別が明確になるような他の語に置き換えるべきである。そうすれば、例

> 文2のように、考えるべき問題点が見えてくる。例えば、一番目の「こと」は「言葉」に換えられたのであって、「発言」に換えられたのではない。「言葉」は、体の外に表現された産物なのである。だから、体の内側の本心と正確に対応していない言い間違いの可能性がある。これを「発言」と書いたのでは、この可能性の問題が見えない。「言葉」と「発言」は違う。
>
> 　ところが、「こと」と書いたのでは、右のような違いは全然見えない。「こと」は頭を悪くする。私は学生に言う。「『こと』はあれこれと無思慮、無分別にくっつく。くっついた先に麻痺・怠惰・放恣を生じさせる。『こと』とは悪女・姦婦・毒婦の名前である。」

「こと」というお名前の読者には目ざわりであったことと思うが、学問上のことゆえ他意はなかったことと御海容を願うことにする。（悪文である。）

「次」を使うような、一文一義の文を積み重ねて書くのである。五百円玉をかせぐのである。そのような文体ならば、「主語―述語のねじれ」は起こらない。また、この「ねじれ」が生じているような長い悪文を読む時にも、先に示したように（八二ページ）一文一義の短文群に分解しながら読むのである。

目的・相手が明らかなまじめなコミュニケーションだから、自然に「書きたい」、「書かずばやまじ」と思い文章を書く。このような状態ならば、「くどく、しつこく」書きたくなる。一文一義の短文をつみ重ねて書く文体になる。――この状態ならば、「主語―述語のねじれ」は生じない。

そんな欠陥を特にとりたてて気にして、それから免れることを教えようと意識する形式主義的指導は、右の「まじめなコミュニケーション」無しの、いわば真空の状態で（目的・相手・問題・素材を欠いて）教えているのである。不自然で無理な状態である。

右のような、まじめなコミュニケーションの場は、学生にとっては、何よりも、専門科目の授業である。専門科目では、学生は（もちろん教師も）ごく近い将来この学習を何のために、どう活用し得るかを意識する。前途に連続した問題意識を持ち得る。現実に対する責任感が育ち得る。

私の「道徳教育」は、まさにそのような科目であった。つまり、教育現実との連続性が有る科目だった。作文の学力は、このようなまじめなコミュニケーションにおいて、育つのである。

卒業生の不破淳一氏がその著書に次のように書いてくれた。（不破淳一『「道徳」授業に取り入れたいディベートの論題』明治図書、一九九七年、一九一ページ）

ここでは、私にとって特に忘れられない「知の恩人」の方々について書き留めておきたい。心からの感謝を込めて。その方々との出会いがなかったら、本書が世に出ることはなかった。

お一人は千葉大学の宇佐美寛氏。私は千葉大学教育学部に在学中、氏の「道徳教育の研究」を受講した。強烈な授業であった。私の中の「道徳」授業への問題意識は、氏の授業によって芽生えたと言ってよい。私は教育実習の際の研究授業に「道徳」を選んだ。しかし、私が氏の論の重要さを切実に感じるようになったのは、大学を卒業し教職に就いてからなのである。私は、自らの問題意識から、自ら求めて、雑誌に発表される氏の論文や氏の著書を読むようになっていった。もちろん今でもその姿勢は続いている。

もし大学時代に宇佐美氏の授業を受けることがなかったら、私は「道徳」授業への根本となる問題意識を持つことができず、したがって本書が書かれることもなかったであろう。

もうお一人は東京都教育庁指導部の向山行雄氏。私は今から十年以上前、東京都立教育研究所で氏の社会科の実践発表を聞いた。ショックだった。氏の教材開発や授業構成の技量は、私にとって、はるか別世界のものであった。私は自分自身の仕事の甘さ、職業人としてのセンスの乏しさを痛感した。氏の発表を聞いたことが、教師としての私のターニング・ポイントになったことは間違いない。

まことに教師冥利に尽きるという思いである。

専門科目の授業だからこそ、このような切実感・現実感を持ち得るのである。この状態ゆえに、「作文の教育」は可能になるのである。

Ⅲ 「事実と意見の区別」という迷信

実際に行われるまじめなコミュニケーションとは無関係に、それからは遊離して教える作文指導は、形式主義に陥らざるを得ない。実際のコミュニケーション内容とは離れて、言葉の形式だけを教えることになる。そのような「形式」の一つが、前節で論じた「主語―述語のねじれ（の防止・排除）」である。

さらに、形式主義者は、「事実と意見を区別せよ。」などという、とんでもないナンセンスを教えようとする。無益・有害な教えである。

文章を読むのにも書くのにも、「事実と意見」を区別すべきだという教えである。

『小学校学習指導要領』（平成二〇年告示）の「国語」・「第5学年及び第6学年」・「2内容」には、次のような箇所が有る。

> (1)　書くことの能力を育てるため、次の事項について指導する。
> ア……（略）……
> イ……（略）……
> ウ　事実と感想、意見などとを区別するとともに、目的や意図に応じて簡単に書いたり詳しく書いたりすること。

形式主義者に問う。

右の囲み（枠）内は、事実か意見か感想か。それとも、これら以外の何かか。（「意見など」と言うのだから、これら以外のものが有ると思っているのだろう。）……答えに窮するだろう。

私は、まず次のように答えよう。

「白い紙の上に黒い線や点や円が書かれている。それが事実だ。その事実が有るのだ。」

私のこの答えでは、なぜ悪いのか。

次のような答えも有り得る。「書かれているのは文章だ。文章は文章である。事実でも意見でもない。」

ここまで来ると、形式主義者は、文章と事実・意見との関係を自分で明らかに述べなければならない。その責任がある。ところが、彼らはそういう基本的・原理的問題を考えたことも無いらしい。

コミュニケーションにおいて機能する文章は、ある事実と対応する（あるいは事実を指し示す）ことにおいて、ある意見（発信者つまり書き手の態度・方向性）を示すのである。

私は著書『〈論理〉を教える』（明治図書、二〇〇八年）において、次のように書いた。

かつて、次のように書いた。（『国語教育は言語技術教育である　宇佐美寛・問題意識集2』明治図書、二〇〇一年、第7章「『事実（事象）と意見』という迷信」……初出は『月刊国語教育研究』二〇〇〇年七月号）

「今朝は、氷がはっていました。」（例1）……これは事実を述べたものか。それとも意見か。感想か。石油会社の社員の自宅に、ある官庁の職員がかけてきた電話なのである。要するに〈私の家に灯油を届けた方がいい。〉という意味なのである。（これは数年前、その社員から聞いた話である。現在、このような電話はかかっていないことを願う。）

電話の言葉ではなく、文章にそう書かれていたとしても、同じことである。〈私の家に灯油を届けた方がいい。〉と解釈されることになっている「今朝は、氷がはっていました。」は事実か、意見・感想か。

「天は人の上に人を造らず人の下に人を造らずと云へり」（例2）……これは事実か意見・感想か。「と云へり」というのは「と言われているという事実が有る。」ということなのだから、事実である。しかし、読者の関心は、言説の存在という事実に向くのではないだろう。その言説が主張している意見に向くだろう。

「むし暑くていやな天気ですね。」（例3）……これは事実か意見・感想か。本人が「いや」だと感じているという心理的・生理的状態は事実である。本人自身が言うのだから確かな事実である。このような「いや」である状態は、この本人だけではない。たいていの人がそう感じている。どれくらいの割合の人がそう感じているかは、不快指数という事実である。〔同書、七五―七六ページ〕

現実の言語活動（discourse）、換言すれば、コミュニケーションにおいては、言葉は事実を指し示す。この指し示す作用によって、言葉の使い手の持つある方向性を、つまり意見を表す。〔同書、五七―五八ページ〕

また、別のページでは、次のようにも書いていた。

一応、ここでは『雪が降りつつある。』という言葉は、雪が降りつつあるという事実を指し示している（指示している）。」と直しておこう。

『雪が降りつつある。』は意見か事実か。」と問うのはまことに愚かなナンセンスである。一匹の犬を示されて、「これは体積か色彩か。」と問うようなカテゴリーまちがい（category-mistake）である。「犬」と「体積」や「色彩」はカテゴリー（意味次元）が違う。

「これは犬である。体積でも色彩でもない。犬は体積という性質（属性）、色彩という性質（属性）を持っているのだ。」と答えよう。

体積と色彩とは、選言的（disjunctive）な、つまり二者択一的・相互排斥的な関係ではない。

日本の法律では、全ての日本人は男性か女性かである。つまり選言的関係が成り立っている。中間的性や第三の性は、法律上は存在しない。

犬においては、体積と色彩とは、二つとも同時に有るべき性質である。（体積の無い犬や色彩の無い犬などというものが有るか。）

これと同様に、コミュニケーションにおいて使用されている言葉（language in use）は全て事実を示し、同時に意見を示すのである。使用されることによって、事実を示す性質と意見を示す性質との両方を持つのである。（「性質」ではなく「機能」と呼んだ方が正確かもしれない。）

「事実か意見か。」と二者択一的に問うのはカテゴリーまちがいである。（「体積か色彩か。」というのと同様のカテゴリーまちがいである。）

（同書、三四―三五ページ）

この「事実と意見の区別」問題については、今までいろいろと相当な量の文章を書いてきた。読んでいただきたい。入手しやすい形にまとまって出版されたものは、次のとおりである。

1. 『宇佐美寛・問題意識集2　国語教育は言語技術教育である』（明治図書、二〇〇一年）、特に次の二つの章。「7　『事実（事象）と意見』という迷信」「8　『事実と意見の区別』は迷信である」

2. 宇佐美寛『〈論理〉を教える』（明治図書、二〇〇八年）、特に「第二章　『事実と意見の区別』というナンセンス――文脈・状況と解釈――」。

右の2の本で、私は次のように書いていた。（同書、六二―六三ページ）

> メディア教育や新聞学習を研究・実践している人たちがいる。不思議である。この「事実と意見の区別」という迷信を批判しないままでいいのか。
>
> 例えば、新聞は、一面のトップにどんなニュースを持ってくるか、つまりどんな事実を報告するかによって、その新聞の意見を表しているのである。
>
> 「事実と意見の区別」というナンセンスを容認するならば、およそマス・コミュニケーションについての学習は成り立たない。
>
> ある国語教育関係者は「アメリカでは、この事実と意見の区別を重視して教えている。」旨のことを私に言っ

た。いわゆる「ではの守（かみ）」のアメリカ頼りの権威主義・事大主義を感じた。もちろん、私も米国の教科書に、それが出ていることは知っている。しかし、それは米国の教育内容が間違っているというだけのことである。米国での言語研究（言語学、記号論、言語哲学等）の進歩は著しいのに、それが教育界に影響していないのが不思議である。

マサチューセッツ大学名誉教授のバーソフは、「事実対意見のような破壊的二元論」を批判して言う。「これは次のように誤った考えを持たせる二元的対立論である。すなわち、事実とは自明なものであり、それをどう記述するかなど考える必要も無い。意見とは単に主観的なものであり、事実とは対立する。このような誤った考えである。」(Ann E. Berthoff: Problem-Dissolving BY Triadic Means, *College English*, vol.58, No.1, Jan. 1996)

しかし、このような意見が、どこまで学校現場の授業に影響し得ているかは、別途、調査を要する。

形式主義者は、コミュニケーションの実践（実戦）において鍛えられていないから、実践にとっては無効・有害な形式を考えてしまうのである。望んでいる目標を誤った形式に翻訳してしまうのである。

正しい翻訳は（つまり、学生に対する正しい指導は）、「根拠（理由・証拠）は有るか？　何か？」である。根拠が有ることを書こうと努めればいいだけである。「事実と意見の区別」を要求するのは誤った処方である。

根拠の立て方、疑い方（吟味し方）は、重要な問題である。形式主義者の「事実と意見の区別」という誤った処方はこの重要問題を見えなくしてしまう。有害な処方である。

Ⅳ　「トピック・センテンス」という迷信

形式主義者が、内容と無関係に教えたがるもう一つの迷信は、段落（パラグラフ）構成である。特に、トピック・センテンスを設けて、その段落全体の内容を予告するという形式である。（「キー・センテンス」「柱の文」なども同義である。その段落全体の内容を示すような文である。）私はいつも不思議に思う。「なぜ、トピック・センテンスを設ける必要が有るのか。」を明らかにしている説明を読んだことが無い。必然性（根拠）が無い教えなのである。いろいろな種類の段落が有ってもいいではないか。あるいは、段落など無くてもいいではないか。

私は著書『〈論理〉を教える』（明治図書、二〇〇八年）で、次のように書いた。

> 文（sentence）は、言表という行為のための単位である。例えば判断を表す単位である。句点（。）までで切れる単位である。文が無ければ、その集合組織である文章も無い。だから、私は作文の授業で、一文、一文を重視する。一文の形をどう作るべきかを教える。（例えば、次の拙著を見ていただきたい。『論理的思考――論説文の読み書きにおいて――』メヂカルフレンド社、一九七九年。また、宇佐美寛編著『作文の論理――〔わかる文章〕の仕組み――』東信堂、一九九八年）これに対し、段落というものは無くてもすむ。無くても文章は成り立つ。確かに、段落には、同じ方向に思考を進めつつある文の群を束ねて見やすくするという機能は有る。しかし、それは補助的・便宜的機能にすぎない。例えば、本書では、各章で節を分けてⅠ・Ⅱ・……と番号を付けた。こうすれば、確かに、見やすくはなる。しかし、それは単に視覚の便宜のための工夫にすぎない。節を分けず、べったりとつなげて

しまっても、論の内容は影響されない。この節と同様、段落も無くてもいい。文と段落とのこの本質的な違いは、講演というコミュニケーションを思い出せば、わかる。講演には、文という区切れは有る。（文と文の境が不明では、音声だろうと文字だろうと、何を言っているのかわからず困るはずである。）一文ずつが「……であります。」「……ではないでしょうか。」などと確実に終わる。文は確認できる。しかし、講演を聞く人（受講者）は段落がどこで切れているかなど意識していない。意識しなくても、講演の内容はわかる。文章の場合も、これと同じである。段落は要らない。段落が有った方が読みやすいというのは、単に技術的な（マイナーな）問題である。ちょうど、〈重要な語はゴシック体の字にする。〉とか〈地の文は、引用文とは区別して、字を大きくする。〉といった技術的問題と同類である。要するに、段落が〈論理〉を教えるのに根幹的なもの、必須なものだと考えるのは、誤りである。先の〈要約〉（第十章）と同様に、〈段落〉にはもっとつつましく限定された位置を与えるべきである。（後述する。）

〔同書、二〇四―二〇五ページ〕

読者は気づいただろうか。ここまで四百字詰原稿用紙二枚半を一段落で（段落の区切りをせずに）書き通した。読みにくくはなっただろうが、内容には影響は無い。段落という装置は必要なものではない。

また、私は既に右の主張をし、一つの文章全体を一段落で書いて証拠を示していた。左の論文を見ていただきたい。

「段落ではなく文を指導せよ」『宇佐美寛・問題意識集2　国語教育は言語技術教育である』明治図書、二〇〇一年、一三二―一三四ページ。（初出は日本言語技術教育学会編『言語技術教育1』明治図書、一九九三年、二九―三〇ページ）

全体が一段落でも一文一段落でも、問題は解決され、コミュニケーションは成功しているのである。〈段落〉とは、その程度の意義しか無い、たわいもない方法〈装置〉にすぎない。

ところが、段落における〈トピック・センテンス〉や〈柱の文〉を重視する人がいる。「段落の初めにトピック・センテンスを書くのだ。」という趣旨の指導をしたがる。

私は、そんな無意味・無意義な教えは、無視する。また、以下に述べるような理由で反対する。

……〔略〕……

私は、今までしばしば、二人の人物の対話の形で論文を書いてきた。

自分一人であっても、思考の過程は、自分ともう一人の自分とが対話しながら進行している。二人は、立場が異なり、かなり差違の大きい内容を言い合っている。特に難しい複雑な問題を考える時は、こういう「自己内対話」を意識する。それを文章にしてそのまま対話体で書く方が、読者も私の思考過程がわかり、同じ速さ・密度で考えてくれる。そう思うから、対話体で論文を書く。

『宇佐美寛・問題意識集』（明治図書）に収めた対話体の文章は、次のとおりである。

1．「音声が聞える文章が要る」『宇佐美寛・問題意識集2　国語教育は言語技術教育である』

2．「思考力研究の総括と研究課題」『宇佐美寛・問題意識集6　論理的思考をどう育てるか』

3．「科学的自然認識を育てる教育――特に経験と想像について――」『宇佐美寛・問題意識集11　「経験」と「思考」を読み解く』

もちろん、これらを書く時、私はトピック・センテンスなど意識していない。「柱の文」も意識していない。これらの文章は非論理的か。段落やトピック・センテンスが無いがゆえに非論理的な文章になっているか。読んで判断してもらいたい。

座談会という形式の文章を発明し雑誌（『文藝春秋』）に載せたのは菊池寛だそうである。いわゆる複眼的な観点で、様ざまに事柄を解釈する座談会形式の（ただし一人の筆者による）論文が有ってもいい。いずれ試みようと思う。当然、トピック・センテンスも柱の文も論外であり、全く話にならない。

〔同書、二一〇―二一一ページ〕

要するに、「トピック・センテンスを設けた段落（パラグラフ）を作れ」などという教えは、いわゆる「馬鹿の一つ覚え」である。

なぜ、「馬鹿」か。二つ理由を挙げ得る。

一、一つしか覚えていない。二つも三つも答えはあるのに、その存在は意識されていない。

二、「覚え」という方法で満足し済ませてしまっている。かりに、二つも三つも覚えても、「覚える」という受動的態度が間違っている。全段落の計画、各段落の内部構造の設計は、学生各自が自分で工夫し創造すべきものである。

もちろん、「二」の理由の方が重要である。

作文はコミュニケーションの行為である。段落のあり方は、そのコミュニケーションの目的、相手、内容に合わせて工夫・創造すべきものである。この工夫・創造の活力を初めから圧殺してしまうから、「トピック・センテンス」法は「馬鹿」なのである。

第3章付録資料1

教授各位

現在、私達学生会は「学費値上げ白紙撤回」「五項目要求実現」に向けて全学ストライキに入っています。そして再三にわたり、理事会・教授会に対して団交を要求してきましたが、理事会・教授会は、学生と約束をかわした団交について、一切無視しつづけてきました。

現在、理事会と教授会が進めている一〇周年記念事業は私達学生の教育条件・生活条件の劣悪化をもたらしてきました。すなわち四五年のカリキュラム改悪・クラス制度の廃止、その中で私達学生は1年生の時から4年までのカリキュラムを組まないと資格がとれなくなる。又、1年の時から専門科目をとらされる等、不安をもってきました。四六年の赤字を理由にの学費値上げを学生の反対をおし切って強行してきました。四九年度入学生においては、一〇〇名定員四四二名もの法律を破ってのマスプロ化を行い、その結果、立って授業を受けねばならない。昼すぎは食事ができない学生食堂、又、コンクリート床の体育館、閉架式の図書館等々。私達の払っている金が何ら私達の為には使われていません。そして今もっとも確実に利潤追求の目的を満たす学費値上げを強行してきました。私達はこうした大学の一連の反学生的な利潤、利潤追求のためには平気で学生を犠牲にする理事会・教授会を絶対に許すことはできません。

また、私達の正当な学生会活動、学生総会に対し、機動隊に出動を要請したり、予備接衝に対しても、何ら役に立たない折衝団を派遣し、学生の要求している団交に対し、ボス交を提起し、寒い中、大学当局の誠意ある態度を求め団交を要求している仲間に対しても何ら誠意ある態度をみせず、機動隊に出動も要請し逃げていきました。また、一二月二二日の代々木オリンピックセンターで行われた入学試験においても、機動隊に出動を要請し、私服警官を配置し、受験地も在学生に知らせず、受験生と在学生の接触を避けてきました。

こういった一連の反学生的態度、学生に対する弾圧を満身の怒りをもって抗議するものである。この理事会・教授会の生活破壊・反学生的態度に対し、要求を克ちとるまで、学費納入拒否をもって斗う決意でいます。また、再三に渡り、団交を無視しつづけ、警察権力を導入してきた。よって私達は一年、二年、三年のレポートについて一切拒否する。実習についても一切拒否する。4年次生のレポート試験について、一切提出を拒否し、卒論口答試問についても、全員拒否を行うという態度をもってこの学費斗争を貫徹する構えで斗い抜きます。

尚、レポートについて、学生より送られてきたら、責任をもって執行部に返還することを要求するものである。

第3章付録資料2

抗議・要請文

1月25日付の抗議・要請文が貴教官の御手元に着いて久しいことと存じます。然るに未だ私ども4年生会には、貴教官の回答がとどいてはおりません。

1月17日以来、数度にわたって私たち4年生の話し合いがもたれてきました。その中で明らかになってきたのは、本学の教学体制（カリキュラム、実習、卒論、各資格、etc）の問題です。本学のかかえているこのような問題の凝集点として、1月21日付学長回答があったと考えます。

1・25付文書に明らかなように私たち4年生は、現在、卒業就職という問題を直前にして、満身の怒りと痛苦をもって斗いをとらえています。

しかし、私たちの抗議・要請文に対して誰一人回答を出そうとしないこのような主体性のない、事なかれ主義の教官を眼前にみざるを得ないことは、まことに違感《ママ》です。

私たち4年生は、再度、自らの五臓六腑の痛みを持って貴教官に抗議し、かつ要請を行うことを決意しました。

1・20付の一方的レポート通告は学生が何故授業を放棄してまで斗わざるを得なかったかという本質を考慮に入れたものではなく、単位認定（→資格、卒業）と学生分断という両刃の剣であることは「聡明」な貴教官には御分りと存じます。

学費値上げに端を発して二ヶ月あまり、学生会によるストライキがつづいています。かかる事態を招いた責任性や一貫して休講措置をとりつづけてきたことに関する見解も出されないところでのレポート題目提示に対しては、激烈な憤怒をおぼえざるをえません。

教育者としてとるべき態度とも思えません。

再度くり返し、次の事項に回答されることを要請する。

1．私たち、4年生は骨肉をけずられる思いで日常生活をおくり、血肉をしぼる思いで出した抗議・要請文に何ら回答しなかったことに関する謝罪を要求する。

2．一方的休講措置にもかかわらず、レポート題目をいかなる判断で出したのか。その判断基準と理由を明らかにすることを要求する。

3．レポート提出〆切2月10日までに各教官の手元にとどいたレポートを即日、学生会執行部に返送するよう要求する。

以上、3項目について学生会執行部気付4年生会宛に2月4日までに回答されるようにここに要請するものである。

以上

昭和50年2月1日

4年生会

○○大学教官殿

〔引用にあたって、大学名は伏せて○○とした。〕

第4章 〈教養教育〉批判

何らかの上の段階の教育への準備教育ではなく、大学生活の後あるいは外の現実に対処する構えでの真剣な専門教育こそ、大学教育の本質である。

Ⅰ 専門教育

専門教育としての教育学教育は、学生を教育現実に専門家として対処させる教育である。私は、昭和二、三十年代の東京教育大学の教育学科の学生として、それを実感した。

そして、昭和四十年代以降、千葉大学教育学部で、教師として、このような専門教育を行った。「道徳教育」という科目の私の実践について著書『大学の授業』(東信堂、一九九九年)にまとめた。

講義を排し、読み書きの指導中心にしたのである。作文の教育は、このように専門教育の中でこそ、内容の豊かさ、緻密さを確保できるのである。専門の内容を欠いて、たるんだ「教養教育」(また「一般教育」「リベラル・アーツ」)の中では、作文教育は形式的(形式陶冶的)になるだけである。

また、逆に言えば、専門教育では、読み書きの指導を中心としなければ、学生の思考は働かない。

私は、右のような私の考え(また体験、実践)の中心的部分を『大学の授業』の「結論」において、次のようにまとめて書いた。今、読みなおして、「これで、よく書けている。」と自ら思う。左に引用する。(同書、二一九—二二三ページ)

> 学力の基礎は読み書きの能力である。現今の学生は、それがきわめて貧弱である。だから、私の「道徳教育」のような専門科目であっても、読み書きの学習指導を含みこむべきなのである。読み書きの指導は単に補助的・周辺的なものではない。その学問の本質的データをどう読みどう書くかを学ぶのである。専門内容の指導は、同時にその内容での読み書き指導にならねば、学生の思考は働かない。
>
> 一般教育(普遍教育)は無くなるべきである。私の「道徳教育」の場合のように専門科目と融合すればいい。それこそが一般教育の理念が生きる道である。一般教育と専門教育とは、あい絡まって一体になって働くべきなのである。専門科目の内容が狭すぎ偏りすぎていることに気づけば、それを広く補う専門科目を学習すればいい。
>
> 大学教育の内容の全ては専門教育なのであり、その狭さ・偏りは、専門教育の不徹底とみなされるべきである。

専門の幅を拡げればいい。

専門教育に先だって、専門教育とは別に、まず一般教育があるという機械的二段階理論が誤りであることは既に述べた。

四十余年前の東京教育大学は、一年生のうちから学部学科に分かれていて、専門科目の授業があった。これは若い学生に誇りと緊張を保障した。青くさい一年生から専門家ぶっていたのは、今思うとこっけいではあるが、それが学習意欲のもとなのである。一般教育は、専門との関係が意識される科目のみが面白かった。あとの一般教育は、どうでもよかった。大学側も一般教育の理念などについてお説教はしなかった。それがよかった。東京高等師範・東京文理大等から成る大学で、旧制高校を含まないで成り立っていたのが良かったのだろう。旧制高校流の教養教育二段階理論（教養教育の高校→専門教育の大学という考え方）に毒されなくてよかった。旧制高校の教育の意義は、その時代の学校制度の文脈の中で評価されるものであり、今日の「大学」教育の一部分に当てはめるのは、すじ違いのナンセンスである。

私自身、大学での一般教育の恩恵をあまり感じていない。専門の教育学の狭さは、気づいた時に自分で本を読んで対処してきた。狭さを自分で専門教育の中で気づかずに一般教育において気づくなどというのは実際には起こりにくいことである。専門で苦労するからこそ専門の狭さが痛感でき、拡がるのである。専門を離れて広い学習など不可能である。

一般教育（普遍教育）は専門教育の内容に溶け込むべきである。その意味で、無くなるべきである。「一般教育」の看板をはっきりさせて気ばってはいけない。

現今のわが国の政界のようなものである。「閣内協力」「閣外協力」「パーシャル連合」「政策別連合」……何でもありである。党の境界を意識せず流動的なのである。「専門教育」という名で一般教育がなされるべきなのである。私の「道徳教育」の授業のように。

……〔略〕……

私の授業について、他にも批判が有るだろう。

批判したい人は、自分の授業の事実に基づいて発言すべきである。私語、いねむり、あくび、ほおづえを無くすことが出来ていない授業をしているのなら、批判の資格は無い。

特に教育学の授業で私語を無くすことも出来ないというのは、マンガであろう。教育学とは何をする学問なのか。

私の授業は学生にはかなりきつい授業である。（約四十年前にいた米国の大学では、Timothy Smith 助教授の "social history of American education" という授業は、読むべき課題図書の量が多いので学生間では有名だった。"Oh,demanding !" と彼らは言っていた。「きつい」は "demanding" である。）しかし、授業はこうあるべきなのである。

だから、履修すべき科目（単位）は、ずっと少なくていい。中身を濃くし学習課題を増やせば、一科目の学習内容は拡がる。

私の場合、自由選択の演習は、学生が一人も来ないので、やめた。必修の「道徳教育」なみにきつくされてはかなわないと思い敬遠したのだろう。

楽を好むような者に選択の資格は有るべきではない。

教師も担当する授業を思いきって減らし、その分、授業方法を厳しくすべきである。教師にとってもきつい授業を少数科目だけするべきである。

「一般教育（普遍教育）」についても、「専門教育」についても、どの科目を何単位とらせるというカリキュラム談義に私は全く関心が無い。授業方法抜きで、そんなことを論じても意味が無い。「楽勝科目」で何単位とっても、学力はつかない。方法こそが重要なのである。

学生の頭の中、つまり思考の問題としては、方法は内容を規定する。私の「道徳教育」の授業では、教科書と課題図書を入念に読ませるという方法をとるから、結果として内容が拡がる。教育史・教育制度の分野まで拡がって学習することになる。例えば、わが国の道徳教育の政策・制度を知ることにより、それに絡んで教育と政治との関係の歴史を学習することになる。課題図書の内容の広さについては、「自由教育」・「新教育」を例にして既に述べた。（一一九ページ）

この方法で学んだ教育史の方が、たるんだ、私語さかんな連続講演風の教育史の授業よりも、頭のためにははるかに良い。

II　〈授業〉の要件

私語がある授業は、私語をしていてもすむような授業である。どういう学習活動をするべきなのかを学生が自覚していない授業である。教師が一方的に五分以上も講演会的に話しつづける授業は、その典型である。（もちろん、学生が居眠り、あくび、ほおづえをしていてもすむ授業も、同罪である。）

大学教育に関する本は、美辞麗句、スローガン、抽象論だらけである。私は、まともに相手にしたくない気持である。私語（居眠り、あくび、ほおづえ）を無くした、緊張した学習が進行する授業が行われているのか否かが不明な本である。私語がある授業をしている大学教員とは（大学教育については）話しあっても無駄である。自分の言葉、自分の授業に誇りと責任を感じていないから、私語（あくび、居眠り、ほおづえ）を生じさせたままにしておくのである。

大学教育の本は、学生にどのような学習活動をさせているのかを具体的に書いていなければならない。ところが実態は、かなり貧相な抽象論ばかりである。

例えば（学問上のことなので、何らてれること無く言うのだが）、私の『大学の授業』や『大学授業入門』（ともに東信堂）を読んでいただきたい。そして、他の多くの大学教育の本と比べていただきたい。後者において、次の諸項はどうなっているか。

1. 「何という教科書をなぜ使うか。」が書かれているか
2. 「その教科書をどんな方法で使うか。」が書かれているか。
3. 「どんな宿題を、なぜ、いつ与えるか。」が書かれているか。
4. 一時限の授業の構造が書かれているか。
5. 「教師は、どんな指導言（発問・指示）を発するか。」が書かれているか。
6. 「教科書以外にどんな課題図書をなぜ指定するか。」が書かれているか。
7. 「その課題図書をどう（どのような方法で）学習させるか。」が書かれているか。
8. 「学生の発言のしかたをどう指導するか。」が書かれているか。

9. 「どんな授業規律をどう指導するか。」が書かれているか。
10. 「授業中、どの段階で、どんな学習活動を、なぜ、させるか。」が書かれているか。
11. 「なぜ、どんな試験問題を出すか。」が書かれているか。

右の一一項目のような、実践の実態が書かれていない本を私は信頼しない。いや、科目名と抽象的美辞麗句だけのような本なのだから、私には理解できないのである。（もちろん、理解できないのは、私が悪いのではない。本が悪いのである。）

パースのプラグマティズム格律について前述したように（四九ページ）、概念の意味は、行為における表われによって明らかになる。〈教養教育〉の概念についても、全く同様である。右の一一項目のような実態が具体的に書かれていないから（そして悪文に汚染されているから）、〈教養教育〉がなぜ望ましいのかが、全く不明なのである。

もちろん、私の実践を述べた著書は、右の一一項目について、まがりなりにも全て書いている。（「まがりなりにも」という文言は、「読者によって賛否、評価は、いろいろであろうが、」と言いたいから書いたのである。自ら低い評価をする意図ではない。）読んで確かめていただきたい。

本は、具体的に書こう。教育の本を「具体的に」書こうとすると、〈授業〉を中核にして書くことになるはずである。学生の実態が詳しく認識できるのは、まさに〈授業〉においてである。私は、『大学授業入門』（東信堂、二〇〇七年、一七八ページ）で、次のように書いていた。

教育学の教員の中には、次のような反論をする人がいるかもしれない。

「私の専門は教育行財政（あるいは、教育史、教育哲学、社会教育……）である。授業のことなど専門外で、知らない。」

そういう狭い偏った教育学教育の方が間違っている。授業の具体的イメージ無しには、右のような諸分野の研究でさえ、狭い偏ったものになる。〈授業〉を知らなくても研究できる狭い問題に逃避したものになる。

その点で、私が卒業した大学の教育学科の昭和二〇年代のカリキュラムは良かった。教育学諸分野に広くわたって（そして心理学関係も）必修であった。教育学のような未熟・未発達で混沌とした多因子的な学問分野の教育には、このような広さが要る。

また、あの頃は、師範→高等師範を経て大学（旧制東京文理科大学）に入ってきた、教育現場に近い人たちが私たちの教師にも先輩にも少なからずいた。それも良い刺激だった。

とにかく、教育学教育は広くなければならない。教育実践に接していなければならない。


右のようなわけで、〈教養教育〉の望ましさなど、まだ論じようがない。つまり、その主唱者、実践者が授業の事実を具体的に述べる文章をまだ開発し得ていないからである。読んでもわからない文章ばかりだからである。

ところが、この原稿を書きつつある時、たまたま『朝日新聞』（二〇〇九年五月二三日）で、日野原重明「人材を育てるリベラルアーツとは」というエッセイを読んだ。

日野原氏は、国際基督教大学（ＩＣＵ）について、次のように言う。

> 文理や学部の隔たりを持たない本格的なリベラルアーツの教育体制を整え、日本ではまれな大学に生まれ変わりました。

〈リベラル・アーツ〉は、教える者だけではなく、（この日野原氏のように）ほれた者あるいは賛美する者の頭をもたるませる悪作用が有るらしい。

> 入学前に学部選択を強いられることが多い現在の教育体制は「専門」にしか目の届かない人間を育て、日本を「専門バカ」の支配する社会に作り上げていったように私には思えるのです。官界や政界には悪《あ》しき例がごろごろしています。

他者に対するこんな否定的評価を、証拠を示さずに、自分の思い（「私には思えるのです。」）だけで書いてはいけない。書くべきは、ではＩＣＵ出身の官界人・政界人は、他の人と比較してどうなのか、「専門バカ」ではないのかを示す事実である。（ＩＣＵ出身の官界人・政界人というものがいないのならば、その原因をどう説明するか。〈リベラル・アーツ〉の狭さではないのか。）〈リベラル・アーツ〉にほれると、こういうたるんだ文章になる。

常に、この私のように異論を提出する読み手を予想し覚悟した（「常在戦場」の）文章を書くべきである。言いかえれば自分とは異なる他者の存在を意識し自己中心性を無くそうと努めるべきである。（それこそが「リベラル」の本質である。）

現実において機能するための専門的内容を学ぶという厳しい構えが有る教育ならば、自己中心性を脱却した作文を教え得る。専門から遊離した〈リベラル・アーツ〉においては、それは教えられない。

自分で決めた専門の勉強だからこそ、見通しがあり、緊張し得るのである。

大学に入っても、まだ自分が専門で学びたい学科がわからないという状態は、現実に有るだろう。しかし、それは決して目指すべき望ましい状態ではない。不確定な欠損状態なのである。「3年生になって、初めてどの方面の専門科を選考〔専攻?〕するかを決めさせるのです。」と日野原氏の文章はいう。しかし、入学当初から決められれば、その方がいいのである。「3年生になって、初めて」という事態は、せいぜい「やむを得ず、現状ではそうせざるを得ない」という、現状順応的対応策に過ぎない。それ以上の積極的論拠は有り得ない。

「3年生になって、初めて」という決定延期理論を教育学的に根拠づけるためには、高校教育論との関連が要る。つまり、高校教育だけでは、専門学科を選ぶにはまだ未熟すぎるという立証をしなければならない。要するに、高校教育が不十分だから、大学段階で、その分の手当をするのだという論理が要る。

そうすると、大学の教養教育は、いわゆるモラトリアム (moratorium) であり、「治療的」(remedial) 教育であることになる。とにかく、それ自身で無条件に望ましい目指すべき教育などではない。

私自身のことを書く。昭和二八年に、東京教育大学教育学部に入学した。当時は、二年生になる時点で、教育学科か心理学科かを選べた。(選択のはばは、これくらいで十分である。) 私は入学時から教育哲学をやるつもりだったから、迷うことなく教育学科に行った。(高校時代、出隆『哲学以前』、三谷隆正『信仰の論理』、田中美知太郎『ロゴスとイデア』などを愛読していた。どこまで理解できたかは別として。)

この私のような学生に「何の専門を選ぶか、考えて決めるために、まず教養教育を受けよ。」などと言うのは、まったく「余計なお世話」である。ありがた迷惑である。また、東京教育大学では、そんな無益なことは言わなかった。また、私が卒業した高校は、すぐれた美術家、音楽家を少なからず出しているが、彼らは勇んで、その方面の大学・学部・学科へ進んだ。彼らに対しても、専門を選ぶための教養教育など余計なお世話である。

要するに、(不幸にも) まだ専門を決めるほどの情熱を感じ得ない者が、モラトリアム型の大学に行けばいいというだけの話である。

しかし、厳しい作文教育は (もちろん読むことも)、モラトリアム的状態では出来ない。専門教育の中で可能になるのである。理由は既に述べた。剣術は、形式化した道場剣法ではなく、相手を切り殺そうという実戦的意図によって会得されるのである。

III　教養科目

「本当の一般教養、リベラルアーツとは、豊かな人間作りの基本となる学習であり、」と日野原氏は言う。

こんな無内容な抽象論ならば、「専門教育こそが、豊かな人間を作る。」と言ってもいい。何しろ「豊か」も「人間」も「教養」も「専門」も、全く定義されていないのだから、何と主張してもいいのだ。

「教養」と対立する概念は「非教養」であり、「専門」と対立する概念は「非専門」である。だから、「専門教育こそが教養教育だ。」と言ってもいい。

「教養が人間を豊かにする。」とか「教養が専門教育の基礎になる。」とかの命題を私は容認する。つまり、最初から、「人間を豊かにするような知識」のことを「教養」と称するのだろう。つまり、同義反復(tautology)である。「独身者には配偶者がいない。」と同様である。「教養」「独身者」という語の意味において既に定まっていることを文の形にしただけである。事実については、何も述べていないのである。同義反復なのだから、『教養』とはそういう意味の語なのだ。」と思う。容認するしかない。

しかし、そうだからと言って「教養科目(の教育)が人間を豊かにする。」という命題については、何とも言えない。同義反復ではない。現実の事実についての判断が要る。「場合による。」と言っておく。「場合」を調べなければならない。当然、前記(一〇八－一〇九ページ)の「どのような学習活動をさせているのか」の**1**－**11**項の事実が知られねばならない。当該の大学での**1**－**11**の事実を知らせられずに同義反復的な「教養」論を読まされるのは押しつけである。空虚な思いがする。

私は落語が好きである。最新の著作『〈論理〉を教える』(明治図書、二〇〇八年)の内容は、かなり落語の助けを借りて成っている。「野ざらし」「あわびのし」「うなぎのたいこ」の三本には特にお世話になった。同書を読んで確かめていただきたい。

語用論（pragmatics）の方法での論理教育の本である。つまり、現実のコミュニケーション状況における言葉の働きを教える本である。そのような本においては、落語は言葉の働きのまことに適切な実例を提供してくれた。

右のような、私の思考の実態をどういう言葉で記述・説明するか。

「落語の教養が語用論の学習（研究）を助けたのだ。」とも言える。

「語用論という専門科目の内容が落語の方法論の一部を吸収し、組織に組み込み拡大したのだ。」とも言える。

「このように組織改造を続け拡大しつつある専門教育こそが人間を豊かにするのだ。」とも言える。

要するに、専門科目・教養科目の別などは、制度として字面の上だけに有るものである。右のように頭の中では、どちらとも名づけ難い、動きつつある思考が働いているのである。

だから、いかに落語が良い機能を果したからといって、「落語」という教養科目を設けても一般には効果は無いだろう。宇佐美にとっての機能なのである。宇佐美の語用論的問題意識が落語の情報を吸引し組み入れ統合(integrate) したのである。

語用論という専門の問題意識が先であり、中心なのである。

落語の例でもわかるように、どんな分野の知識でも、いつか何かの学習のために役立つかもしれない。その可能性は有る。だから、予め学習させておく。あれこれの分野で、週一回そのような科目の授業を受ける。（たいていの時間は講義である。）――その時は、それなりに面白くても、それだけである。一年もたてば、何を話されたか思い出せない。使った時間は無駄だった。それが、たいていの教養教育の実態だった。

将棋でいえば、敵の進撃を警戒して盤面のあちこちに広く駒を置き、惨敗するようなヘボ将棋である。たいていの駒は「死に駒」になってしまった。何の働きもしなかった。相手はそれらの駒は無視する動きをしたのである。

将棋では、何十手も先を見通す計画が要る。主たる動きの手が有る。それが勝負の過程の中心である。盤面には、それとは関係がうすい場所も有る。駒の中でも、中心的作戦にとっての重要性の程度は様ざまである。見捨てて相手にとらせてもいい駒も有る。

とにかく、こういう構造が要る。大学のカリキュラムについても同様である。構造には中心（中軸）が要る。中心は、専門の志による問題意識である。そうあるべきである。

「作文の教育」は、こういう構造の中において可能なのである。

「他者を愛すべきではない。また、そんなことは不可能だ。自己をこそ愛すべきなのだ。」こういう主張はかなり正しく説得性が有る。

G・H・ミード（George H. Mead, 1863-1931）の古典的名著"Mind, Self and Society"（1934）の思想を知っている人には、右の主張もわかるであろう。

身体としては、自分と他者とは違う。区別できる。しかし、精神としての自己の範囲はどこまでなのか。精神においての「自己」の範囲は、身体の表面までを超えている。身体よりもはるかに広い。

広く様ざまな他者のことを思い、それとの関係で自己の精神のあり方（役割）を決めているのである。身体的な他者も精神においては自己の範囲に入れてしまっているのである。

だから、他者のために（他者があたかも自分であるかのように）死んでも（身体は捨てても）満足できるという状態が有るのである。

精神においては、他者ではなく自己の一部となっているからこそ、それを愛し得るのである。他者ではなく自己として愛しているのである。

問題11
なぜ、私（宇佐美）は、右のような「自己―他者」論を書いたのか。推測せよ。

〈自己〉・〈他者〉という対の概念は、事柄の中身を具体的に見ると、境界が定まらなくなる。つまり、「自己」・「他者」という字面（じづら）の違いが、実態を正確・詳細に認識するのを妨げているのである。字面にとらわれずに事実を見ると、例えば、「他者のある部分は精神においては自己の範囲の内に入っているのではないか。」という当然の発想が生ずる。

これと同様に、「教養教育」と「専門教育」の区別も非現実的・幻想的である。

具体的には、拙著『大学の授業』（東信堂、一九九九年）に書かれた私の授業を検討していただきたい。千葉大学教育学部における「道徳教育」の授業である。教職免許取得のために必要な科目の授業である。

字面の上では（履修規程の上では）、これは「専門科目」である。しかし、私は「課題図書」十冊前後を課し、毎週リポートを提出させた。リポートは、かなりの数の者には返却し、書き改めさせた。読み書きを教えていたのである。「遠からず教育の現場で働くのだ。」という動機づけがある学生である。その意識が読み書きを助ける。その意識が読み書きの広さと詳しさを要求する。

だから、「あの授業は専門教育であるがゆえに教養教育だったのだ。」と言ってもいい。その言に反発し批判しようとする者には、現実の授業の事実において専門教育と教養教育との区別の線をどう引くのか答える責任がある。

現実には、ひどい「授業」が少なからず有る。そのような例を見聞きし、本で読む。（次の著書で多少紹介しておいた。宇佐美寛『大学授業の病理――ＦＤ批判』東信堂、二〇〇四年）

かまびすしい私語はもちろんである。授業中、ふらふらと歩きまわる、飲食する、後の方では、トランプをする……。

こんな、「授業」と呼ぶのさえ、ためらいを感ずる事態について、「教養教育」「専門教育」を論ずるのは、ばかげている。教育にはなっていないのである。

大学教育論に出現するたいていの用語・概念は、その内容が規定されていない。だから、何を論じても無意味である。数値不定なのだから、Ｘ・Ｙ・Ｚをどう使っても、真か偽かが不明な式のようなものである。

だから、抽象論は排して、授業の事実をなるべく具体的に報告することから始めよう。例えば、私が先に（一〇八

―一〇九ページ）挙げた11箇の項目に応ずるような具体性が要る。

このような具体性を欠いている大学文化においては、私がしたような「作文の教育」は不可能である。

ところが、あの11項目の程度まで具体的に書かれている大学教育の書物は無いらしい。――私の『大学の授業』『大学授業入門』を例外として。

大学人は、大学教育をもっと具体的に書く作文を学ばねばならない。例えば、小・中学校教師の実践記録の文章から学ばねばならない。

Ⅳ　私の学生時代

既成の概念を疑い、抽象語中毒(verbalism)を治療せねばならない。（そのような「作文の教育」をしなければならない。）そのためには、具体例（範例）をぶつけるのがいい。具体例を分析し説明することが出来ない概念は有害無益である。

だから、具体的に論ずるために、私自身が受けた大学教育の経験を範例として以下に提出する。

昭和二十年代末、「一般教養」で選んだ英語の授業では、英文の小説を読んだ。一人の教師は、シャーウッド・アンダースン、もう一人は、オー・ヘンリーの小説だった。指名されると朗読して訳をつける。二、三パラグラフやると、次の学生の番になる。面白い小説ではあったが、それだけである。調べていけば、訳すのには不自由はなかった。訳がつけられれば、それでいいのである。多少の補足的説明・解説は有ったが、それ以上の要求はされなかった。教師は二人とも、日本語・日本文学の学問・見識も豊かな教養人であり、私はむしろその事実に感じ影響された。英語の小説の方は、ただ面白く読んだというだけで、今、何も頭に残っていない。

なお、私の英語学習についてのエッセイを本章（第4章）末に「付録資料1」として収める。

私がいた教育学科では、各講座の教員が「演習」の授業をしていた。「教育哲学演習」「外国教育史演習」「日本教育史演習」「教育課程演習」「教育方法演習」「学校経営演習」「教育行政演習」「教育制度演習」「学校教育演習」「社会教育演習」「社会科教育演習」……といった具合である。「日本教育史演習」以外は、欧文（英文か独文、まれに仏文）の専門文献を読んでいた。二、三、四年次でこれらの授業をとった。当然、読む分量は、「一般教養」の外国語よりも、はるかに多い。その科目に登録しその授業に出席する学生は、多くても十数人であった。「学校教育演習」は二人だった。（教育学科の定員は一学年三五名であった。）

「教育哲学演習」で、ジョン・デューイの“The School and Society”を読んだ年が有った。同書には、次の一文が有る。(John Dewey; The School and Society, revised edition, 1943, p.76) あるパラグラフの最後の一文（センテンス）である。

Harmful as a substitute for experience,it is all-important in interpreting and expanding experience.

このitとは何か。

その直前の文 This, I need hardly say, fixes the position of the "book" or reading in education. を見ればわかる。it は the "book" or reading である。だから、最後の一文の訳は「読書は、経験の代用とするのは有害であるが、経験を解釈し拡大する働きとしては、きわめて重要である。」とでもいうことになる。(手元に有る邦訳書三種類を見た。いずれも大体こんなところである。)

教養科目の「英語」の授業ならば、この訳がつけられれば十分であろう。「それでよい」ことになり、次のパラグラフの朗読と翻訳に進むはずである。

ところが、「教育哲学演習」の英語教育としては、そんな浅さの読解では先に進むべきではない。

当然、次のような疑問が学生から出る。(現に学生であった私が出した。)また、学生から出されなければ、教師が出してやるべきものである。

①「経験の代用」とは何か。実例はどのようなものか。

②「経験を解釈し拡大する」とは、どのようにすることか。実例はどのようなものか。

③例えば『坊っちゃん』を読む。読者には、あの小説に書かれている〈明治時代の松山の中学校の数学教師〉の経験は無い。この読書は「経験の代用」をしたのか。なぜ「有害」なのか。

④「代用」対「解釈・拡大」というデューイのこの区別の図式は、ナンセンスではないのか。成り立つか。

目的・内容が有る外国語の学習とは、こういうものだろう。私の英語・ドイツ語の力はかなりの程度、教育学科の「演習」で養われたのだと思っている。

これに対し、教養科目としての英語・ドイツ語の授業は、私の専門の志とは無関係であり、その意味で無目的・無内容であった。目的無しの語学（「学」と称して力むほどのものではない。正しくは「語術」とでも称すべきなのだろう。）では、どこに力を入れたらいいのかわからない。

右の「経験の代用」は、いわゆる「アウグスティヌスのパラドクス」問題に関わる。つまり、次の主張に、どう答えるかという問いである。「言葉によって何かを知るということがなぜ可能なのか。」に答えねばならないのである。「言葉の意味を既に知っているとしたら、言葉を聞いて新しいことを知るというのは矛盾ではないか。また、逆に言葉の意味を知っていなければ、言葉を聞いても雑音に過ぎない。何ごとも知り得ない。」

今、私があの「教育哲学演習」の教師をしていたら、「アウグスティヌスのパラドクス」を紹介し、米国の教育哲学者シェフラー（Israel Scheffler）がこの問題にどんな答えを出したかを読むことを勧めるだろう。しかし、昭和二十年代末の大浦猛助教授は、今思うと、まだ若過ぎて、その指導は考えつかなかったようである。（大浦氏は私の恩師なのだが、学問上のことなので遠慮しない。）また、シェフラーが我が国に知られるようになるのは、それより数年後のことである。

私自身は、このパラドクスをどう解いたか。次の拙著を見ていただきたい。『宇佐美寛・問題意識集14　授業の構想と記号論』（明治図書、二〇〇五年）9章「知識を与える」、17章「アウグスティヌスのパラドクス」。

とにかく、小さいことを入念に吟味すると、考えるべき問題は拡がる。言葉と経験との関係という、教育にとって本質的な問題が見えてくる。専門科目だからこそ、拡がるのである。

四年生の時、米国の教育哲学者ブラメルド（Theodore Brameld）に手紙を出した。（教育思想史学会編『教育思想事典』に載るような「偉い人」には敬称をつけないのが慣習らしい。デューイもカントもそうである。）日本の生活綴方運動について知らせた。考えてもらいたかったのである。未熟な手紙だったが、後年会った時、思い出してくれた。

教育学科の教員のほとんどが分担して語学教育をしてくれたことになる。

「この語学教育では狭すぎる、偏っている。」と批判されるだろうか。

確かに、私は英文の小説や詩は苦手である。また、日常生活の衣食住に関わる英単語は、あまり知らない。しかし、それでいいではないか。専門の教育学の英語を知っていれば、教師として、研究者として、生きていけるのである。前述の将棋の「死に駒」を作るのは、無駄である。いつか、何かの役に立つかもしれないという希望的思考（wishful thinking）で、専門からかけ離れた場所、つまり飛び地の科目を学ばせるのは、エネルギーを分裂させ、有害である。

「要る」という切実感が感じられる時に学習すればすむのである。前述のように（七ページ）相手を切るのには不要な形式を実戦から離れて予め学ぶのは邪魔になるだけである。使うことが無い英単語を知ろうと努めるのは、エネルギーの無駄であり、有害である。

また、別のある年、「教育哲学演習」で、やはりジョン・デューイの The Sources of a Science of Education（1929）を読んだ。デューイの著作物の中では地味な小さい論文である。しかし、私には面白かった。教育の科学的研究と実践との関係についての論究である。教育実践こそが教育学の基礎であり源泉（sources）であるという主張は、よくわかった。しかし、educationが科学であるよりもartであるという主張には、考えさせられた。

英語のeducationという語は、教育(という行為)から教育学までの広い意味範囲が有る。これに対し、ドイツ語は、Erziehung, Pädagogikという二つの系統の語が有る。英・独両語での専門的文章の用語法の異同・対応を考えさせられた。

また、artという語にも、「技術」から「美術」までの広い意味範囲が有る。

こんなことも、教養教育における語学科目では考える機会も刺激も無い。

このデューイの言は、かなり含蓄が有る、詳細に検討すると様ざまな問題が見えてくる主張らしく思われた。

自ずから、『山びこ学校』以降のいろいろな実践記録を右のデューイとつき合わせて読んだ。

日本には、このように、思考を刺激する、具体的な内容の実践記録が数多く有り、「研究者」も読む。しかし、アメリカにはその類いの書きものが全然無い。なぜか。……前述したが、ブラメルドに送った手紙には、そんな問題意識も書いた。

また、〈技術〉が気になり、三木清『構想力の論理』、特に「第三章　技術」「第四章　経験」を詳しく読んだ。(もちろん、あの本は「第一章　神話」「第二章　制度」をも含めて総合的・構造的に把握すべきものである。しかし、大学三年生の頭では、まだそのような把握は出来なかった。)

とにかく、専門科目の学習というものは、深くつっこむと、内容が広くなるものである。

専門とは広いものである。(だれだ！　「狭い専門教育、広い教養教育」の類いのあべこべスローガンを言いふらすのは。)

狭い内容の小さい教材であっても、学生の学習活動において（例えば、分析され、批判され、関連の情報と比較されて）拡がるのである。むしろ、狭いがゆえに、学生の思考内容においては拡がるのである。まさに「一点突破、全面展開」になる。

だから、教材を広く、もれなく与えようとしてはならない。範例的な、つまり吟味していると思考において拡がる具体例を少数選べばいい。

「範例」については、先の引用（viページ）をここで繰り返す。

> 目を低くして具体例を挙げるべきである。前述のように大説ではなく小説によって考えるのである。一見小さい例を入念に多面的に分析すると、大きい意味が有る理論が見えてくる。
> このような生産的な具体例が教育学で言う「範例」である。（「範例」……原語は一九五〇年代の西独教育界での Exempel あるいは Paradigma であった。それぞれ英語の example, paradigm と対応する語である。）

「範例学習」運動のスローガンとして、「すき間への勇気」(Mut zur Lücke) が唱えられた。つまり、まんべんなく、広く教えようとしてはならないのである。もれが有っても気にしないという勇気を持つべきなのである。

先の例で言えば、「〈経験の代用〉とは何か。」という一見小さい問いは、まさに範例であった。

しかし、私が先に書いた文章は、注意深く読んでいただきたい。

私は「狭い内容の小さい教材であっても、学生の学習活動において〔略〕拡がる」と書き、「学生の思考内容においては拡がる」と書いたのである。(傍点は引用者による。)

学生の学習活動が無い(あるいは、不明瞭な)〈講義〉という因習においては、この範例現象は起きない。内容は拡がらない。

〈講義〉ばかりしているから、専門科目は狭いものだと見えてしまうのである。

また、〈講義〉では、内容が広くても無駄である。学習活動において内容が改造され拡がることが無いのである。

学生の「頭の中」の活発な働きを保障せずに、教師が講ずる言葉の側だけの広さを気にするのは愚かなことである。

大学一年の時、教養科目として履修したものの中に「法学」と「社会学」が有った。「法学」の教師は磯野誠一氏、「社会学」は森岡清美氏だった。どちらも、その専門分野ではたいへん偉い研究者なのだということを後に知った。私は、それなりに関心を持ったが、しょせん講義である。また、私の専門である〈教育〉とどう関わるのかが、一年生の頭にはわからなかった。(一年の時から、教育学関係の専門科目の授業も週二コマとっていたのだが、それだけでは、「法学」「社会学」の教育学的意味を実感する規準はまだ出来ていなかった。不十分だった。)

太平洋戦争で、太平洋の広範囲の、とび離れた距離の島々に、守備隊を送った。しかし、制空権も制海権も心もとない。当然、島々に対するその後の補給は続かない。少なからぬ餓死者さえ生じた。敵は、こんな島々は無視して別のルートで日本への攻撃をするに到った。

ちょうど、こういう状態である。先の将棋の死に駒と同じく、攻撃にも防衛にも役立たない。太平洋海域全体の戦局の構造が成っていなかったのである。

「法学」や「社会学」の授業も、私の頭の中の全体の戦局とは無関係な飛び島に終った。このカリキュラムを考えた者の「いずれ役立つ。」という希望的思考にもかかわらずである。

この一年後、「教育制度」や「教育社会学」の専門科目の授業を受けている頃だったら、この両氏の授業も生きただろう。関連構造が私の「頭の中」に出来ただろう。

英語の“～oriented”という表現を思い出す。「～志向」とでも訳し得る。私の大学時代（一、二年生の頃から）、私の学習は教育学志向だった。教育学の方向に動いていた。

このように、専門の学問を予期し、それを念頭に置いていた。この予期によって、私が履修する全科目は、ある構造の中に位置づけられていた。ある科目のある部分（単元）は、私の「頭の中」では、教育学の研究という方向からの近さ遠さ（ずれ）によって計られ位置づけられていた。

こういう一つの（統一された）構造を作らねばならない。関連性が自覚されない、ばらばらの知識は、関心・意欲を喚起・増強し得ない。

この情報の統一的構造が働いているがゆえに、専門科目は拡がって広い内容になる。

専門的であるがゆえに教養的になるのである。

先に「教育学科の教員のほとんどが分担して語学教育をしてくれたことになる。」と書いた。（一一三ページ）

教師は教育学の研究者として、その外国語での専門的文章をどう訳すべきか、どう分析するべきかを考えている。つまり、自分自身の規範を持っている。だから、教師は「その規範を学生にも教えるべきだ。」と思う。正しいと思っている規範なのだから、当然のことである。自分の研究において実際に機能する語学を教え得る。それと同様に、教師である私は、自分の持っている読み書きの規範を学生に教えたいと思う。

私が自分で書いた本『「道徳」授業に何が出来るか』（明治図書、一九八九年）の文章を教科書として読ませる。また、この教科書の内容の文章についての意見をリポートとして書かせる。

リポートの文章を指導する。（このような実践については、宇佐美寛『大学の授業』で報告した。）つまり、私は、どのような文章が望ましいかの規範を教えていたのである。

少なくともいわゆる文科系の大学教師は、文章の読み書きの規範を自ら持つべきである。それを学生に教えたくなるはずである。

大学教師は、自分の専門の内容を教える時、当然、その時間だけではすまない（教えきれない）情報を得る機会を与えたいと思う。だから、（私の授業のように）参考図書を紹介する。また、他の科目の授業を受けるように勧める。例えば、昭和二十年代に、私が教育技術論に関する授業をしていたとすれば、当然、学生には文学部哲学科の下村寅太郎教授（日本の科学哲学の草分けのような先生）の授業に出るように勧めただろう。

こうして、自分の専門の学習は、深く学ぶほど広く拡がる。諸概念の内容が弾力的に動きつつある状態なのだから、問題意識が刺激され、思考は多方向に拡がる。

「専門」が狭いというのは、「専門科目の研究・教育が、いわゆるタコつぼ型になって孤立的な状態である場合には狭い。」というに過ぎない。つまり、「専門」にとっての必然的な特性ではない。むしろ、自分にとって最も問題意識が強く有るはずの専門科目の方がその問題を動力として拡がる力が強いのである。

専門的問題意識が中心に有るからこそ、概念群、命題群を広範囲から引きよせ、統合(integrate)することが可能なのである。

作文の教育は、このような状態において、最もよく行い得る。何の目的で、どんな相手に書くべきなのかが最も明確な状態だからである。書くべき内容が最も豊富な状態だからである。

第4章付録資料1

（原文は横組みであったが、ここでは、本書の形式に合わせて縦に組みかえた。）

小学校英語不要論をどう思うか

不要どころか有害なのだ

千葉大学名誉教授　宇佐美寛

『Ｔｏｓｓ英会話の授業づくり』第11号『教室ツーウェイ』別冊　二〇〇六年四月

私は「新制中学」の一期生である。教師は教科書の往復訳をさせた。つまり、和訳させ、その日本文を英訳し復元するのである。さらに、この英文をそらで言えるようにする。発音もくり返し指導された。（教師は英国の大学の出身だった。）教科書の英文を覚えて書け言える状態になれば、出来ない試験問題は無い。

大学の英語（一般教育）の教師は外山滋比古氏、小林智賀平氏だった。両氏からは、母語である日本語での読書量が多くなければ知的内容があるまともな英文の読み書き能力は伸びないことを教わった。（両氏とも日本文化に深く通じた教養人である。周知のように外山氏は日本語についての著作も豊富である。小林氏は明治の政治小説、末広鉄腸『雪中梅』岩波文庫の「解説」を書くような人であった。）

大学助手の時（27歳）、米国の大学院に一年留学した（教育史・教育哲学専攻）。出迎えの女子学生と話をし「米国人と話すのは初めてだ。」と言った。彼女は「ジー」と私には未知の感動詞で驚いていた。私は「偉い教師たちに教わったのだ。」と言った。

日常の会話だけなら、二、三ヶ月も生活していると、なれる。（そんな会話を小学校の貴重な時間を使ってなぜさせるのか。）友人（米国人）に「この頃、英語をゆっくり易しく話そうという社会運動が行われているのか？」と冗談を言うくらい楽になった。

問題は、もっと内容のある話をしなければならない時である。例えば、次のように問われた時である。「日米安保条約をどう思うか。」「マッカーサーの統治をどう評価するか。」「日本人はなぜ syncretic（混合宗教的）なのか。」

「大岡昇平の『野火』をどう思うか。」このような話をするためには読書していなければならない。知らないことは話せないのである。

日常会話をペラペラ話すだけの留学生は、たちまち無知で鈍い頭の実体をさらけ出す。たいした内容が無い日常会話をペラペラやっているだけの者と、ゆっくり言葉を探しながらでも内容の濃い話をしようと努める者とどちらが尊敬されるか。（そもそも「ペラペラ」は軽薄な態度である。何事でも、また日本語でもペラペラと話すべきではない。）そばにいて恥ずかしくなるような国辱的・植民地的留学生の無内容なペラペラ会話はしばしば聞いた。これに対し、専門的内容の濃い話をする日本人学者の英語がゆっくりであっても、米国人は丁重な態度で注意深く聴いていた。当然である。私は「彼の英語がゆっくりなのは、日本が独立を守り、あなた方の植民地にならず英語を使わずにすんだ歴史ゆえだ。」と言った。

さらに問題なのは授業の英語である。相当な速度で多量に専門書を読まねばならない。また、本を読む速度以上に速い講義は聴きとれない。速く読む訓練をしないと講義がわからないのである。一日で教育史の本百ページ以上を読めた時はうれしかった。

大分内容の濃い話しが出来るようになったらしい。高校教師、小学校教師、高校生の三人にまったく初めから日本語を個人教授した。日本から小学校の国語教科書をとりよせて使わせた。この高校生の少年は現在、世界的な谷崎潤一郎研究者・翻訳者である。ポール・マッカーシー氏である。

〈小学校の英語会話〉は、次のように迷信・幻想で汚れている。

1．英語を読み書きできても話せない人が多い迷信である。一時間かけてようやく数ページという、まるで古代文字の解読の速度の状態は「読める」ではない。大学卒業者の多くは読めないのである。読めないから話せないのである。

2．中・高と六年間学んでも英語が話せない「学ぶ」というほどの学習は成立していない。平成15年度教育課程実施状況調査では、英語の授業が「わからない」は中3で二八・三％である。国語（母語）の学力が乏しければ、英語も学び得ない。

3．外国語は年少時から始めないと学習の時期を失する迷信である。私やマッカーシー氏の例でもわかる。知的内容の濃い英語ならば、国語学習（特に読書）に支えられ文法を重視し系統的に教えられねばならない。日常会話になじむくらいの低い内容なら成人後でも出来る。（日本に来て日常会話が「ペラペラ」になる米国人を見よ。年齢は無関係である。）

4．英会話でその後英語の能力が伸びていく幻想である。普通の日本人は日本語の会話は不自由なく出来る。しかし、「日本人の混合宗教性」や『野火』を論じられるわけではない。知的・専門的内容を担う日本語の能力は、読み書き学習で出来るのである。日常的英語会話は学校での読み書き学習にはつながらない袋小路であり発展性が無い。多様な内容に応用できる普遍性・発展性は、基本的な型で思考する文法の学習を重視した系統的読み書き学習ではじめて成り立つのである。（算数での問題解決学習や国語での単元学習のような無系統・無論理な経験主義的偏向を批判する人が、他方ではるかに無系統・無論理な英語会話には幻想を抱く。不思議である。）

こんなものを母語の教育を冷遇して教えると日本語も英語も未発達な「植民地人」が出来る。有害である。

次の本をお読みいただきたい。

大津由紀雄・鳥飼久美子『小学校でなぜ英語？』（岩波ブックレット）

澤井繁男『誰がこの国の英語をダメにしたか』（生活人新書、日本放送出版協会）

山田雄一郎『英語教育はなぜ間違うのか』（ちくま新書）

茂木弘道『文科省が英語を壊す』（中公新書ラクレ、以下も同じ）

市川力『英語を子どもに教えるな』

齋藤孝、齋藤兆史『日本語力と英語力』

第4章付録資料2

コミュニケーション無視、コミュニケーション離れの症状を呈するのは、「〇〇氏」（六九ページ）のような教師だけではない。また、「教養教育」における〈作文〉だけでもない。

私は、学会に出席するたびに、大学院生たちのこの症状を見る。苦痛である。たまりかねて、機会有るごとに、大学院生や若い大学教師に、左の文書を手渡している。（原文は横書きであるが、本書の形式に合わせて縦組みにする。）

学界におけるコミュニケーション作法
――大学院生諸君に――

宇佐美　寛

学問に関わる情報（ニュース・資料・助言・批判……等）をもらった時は、必ずそれに対応する返事を書け。何も言わずに、「梨のつぶて」状態にするのは、一般社会においてでも、無礼である。（君は一応の高学歴の人間と見なされているのだ。）相手は気をつかい、労力をついやしたのである。それを黙殺されたと相手は思い、不快になる。もう二度と情報はくれない。事実も教えてくれない。意見も言ってくれない。これで君の世界は狭くなる。

少なくとも、次の三点は相手に知らせるべきである。

1．「情報を頂きました。」という確認。

2．「ありがとうございます。」という感謝。

3．「よく読み勉強させていただきます。」という態度表明。

一般の学校でも、教員は「ほうれんそう」を意識することが期待されている。（報告・連絡・相談である。）

思考とは、情報の内的処理・統御なのだから、上記のような、情報システムの無視をやっていれば、頭が悪くなる。（平たく言えば、自己チュー、ずぼら、アバウトで頭が良くなるはずがないのである。）

このような「梨のつぶて」の無礼な目にあわされた学界人（多くは大学教員）は、どう思うか。「こういう基本的なしつけもしていない大学の学生なのだ。こんな大学から採用するのはやめよう。」

その人だけがそう思うのではない。彼（彼女）は他の人にも上記の感想を話すであろう。悪い評価は拡がる。

君は、手きびしく批判され低く評価されたので、返事が出せないのかもしれない。しかし、黙ったままでいると、相手はどう思うか。「まだろくに勉強もしていない若僧のくせに、プライド過剰なのだろう。」「学問には批判が不可欠なのだという大原則も教わっていないらしい。研究者には不向きだ。」

若い時に批判されるのは、当然である。ありがたい刺激だと思うべし。

どんなに批判されたとしても、前記の1・2・3の要点は書ける。それさえしないと、事態は悪くなる。

シリーズ『大学の授業実践』監修の志

監修者　宇佐美　寛
（千葉大学名誉教授）

広く、大学生の学力の低さ（学習意欲の無さ）が慨嘆されている。慨嘆は当然・正当である。もちろん、この病気は大学に入ってから急にかかったものではない。小学校以来の教育の内容・方法の結果である。

しかし、大学の教員としては、まず自分の責任がある範囲で、この病気と戦わねばならない。その努力をせずに他者の守備範囲のことを批判しても虚しい。説得力を欠き、相手にされない。大学の授業を変えよう。

授業を自覚的に変えなければ、入学試験も変え得ない。「私がするような望ましい授業で学ぶための学力は、どのようなものであるべきか。」こう問うからこそ、入学に必要な学力が明確に把握できるのである。また、高校やそれ以前の段階の学校教育に対する批判・要求をするための基準は、自分の授業である。生身の学生相手の授業で苦労しているからこそ、大学入学以前の教育の欠陥が見えるのである。

自分は今までどんな授業をしてきたか。自分に対して、こう問わねばならない。そして、この問いに対して、具体的に明確に答えねばならない。つまり、自分の授業の現実を報告するのである。

このように、自分の実践に基づくのでなければ、改革の提案をする資格は無い。「自分がしてきたこととの関係でのみ、ものを言える。これがおとなの社会のルールなのだ。」（宇佐美寛『大学の授業』東信堂、一九九九年、一六〇ページ）

自分の実践であるからこそ、細かい事実まで、わかっている。何よりも、授業の相手である学生を知っている。報告・提案の読者から疑問・批判が呈されるかもしれない。その場合、応答の責任を果たし得るのは、自分自身の実践であり自分がもっともよく知っている事柄についてだからである。

自分の授業実践を書くのは、少なくとも本一冊の量の詳しさでなければならない。その一冊を一人で書き抜くべきである。

複数の筆者から、各人たかだか原稿用紙数十枚くらいの原稿を求め、それをまとめたような貧弱さでは、今日の大学の授業の問題点・対処策はとうてい書けない。粗大な抽象論になるだけである。さらに、外国書の翻訳は論外である。一応の参考にしかならない。

自分の頭で自分の実践を具体的に詳しく考えるのでなければ、現実は変え得ないのである。

私は、右のように信じているので、前記の『大学の授業』（東信堂）を一人で書き抜いた。このように自分の実践について一冊という規模で書いた本は、大学の授業については、他には無いようである。この本は広く好評を得てはいるが、他に類書が皆無であるという現状ゆえに好評なのだという要因もあるらしい。悲しい。残念である。

だから、私は右のような私の考えに共感してくれる、より若い大学教師たちに各自の責任で一冊ずつ書くように提案した。

一冊という余裕があるからこそ、自分の責任がとれるのである。「スペースがもう無いので、今回は……」という遁辞で書くべきことを省くという逃げ道も無い。

私は、このシリーズの著者たちに私の『大学の授業』を参考にして書くようにと助言した。あの本は、良かれ悪しかれ、私の責任で私自身の授業を書いた本である。書いている事実についてもっとも詳しく知っているのは私自身だという自信に基づいて書き進めた。書いていて壮快感を持った本である。『大学の授業』を真剣に参考にしたならば、各自の著書は次の各項を本質的部分とするべきだということが見えるはずである。

一、自分が教えている学生の実態はどのようなものであると見たのか。特に学力はどのような状態であると見たのか。

二、どのような学力の状態を望ましい目標であると見なしたのか、つまり、学生の学力をどのような状態にまで変えたかったのか。

三、右の目標のために、どんな内容・方法で授業をしたのか。

四、その結果、学力の状態はどう変わったのか。

つまり、一、現状の把握、二、目標の構想、三、内容・方法の構想・実行、四、結果の確認という四項である。私は『大学の授業』をこの四項を本質的部分として書いたつもりである。

「各自の責任で」書くとは、監修者である私があまり批判・指導を加えないということである。重大な不適切・過誤でもない限り黙ってみていようと思う。批判は読者がする。

〈監修〉という仕事はどうあるべきか、どの範囲で機能すべきかという面白い問題の研究になる。

二〇〇一年二月六日

〔私も、いわゆる「たたき台」・「見本」として一冊書こうと思った。書き上げたのが本書である。〕

筆者紹介

宇佐美　寛（うさみ・ひろし）

略　歴

一九三四年　神奈川県横須賀市に生れる。
一九五三年　神奈川県立横須賀高等学校卒業
一九五七年　東京教育大学教育学部教育学科卒業
一九五九年　東京教育大学大学院教育学研究科修士課程修了
一九六〇年―一九六二年　東京教育大学助手
一九六一年―一九六二年　米国、州立ミネソタ大学大学院留学（教育史・教育哲学専攻）
一九六五年　教育学博士（東京教育大学）の学位を取得
一九六七年　千葉大学講師
一九六八年　同、助教授
一九七七年　同、教授（教育方法学講座）
（一九九三年―一九九七年　教育学部長）（一九九八年―二〇〇〇年　東京学芸大学教授に併任）
二〇〇〇年　停年退官、千葉大学名誉教授
現在、三育学院大学・千葉県立野田看護専門学校等の非常勤講師

なお、左記の大学・機関（順不同）の非常勤講師（客員教授）を務めた。

東京教育大学、九州大学、山梨大学、岩手大学、山形大学、秋田大学、茨城大学、上智大学、立教大学、淑徳大学、早稲田大学、放送大学、千葉敬愛短期大学、東京都立保健科学大学、埼玉県立大学、国立看護大学校、厚生労働省看護研修研究センター、聖母大学。

著書目録

I　単独著書

1　『思考・記号・意味――教育研究における「思考」――』誠信書房、一九六八年
2　『思考指導の論理――教育方法における言語主義の批判――』明治図書、一九七三年
3　『「道徳」授業批判』明治図書、一九七四年
4　『ブロンスン・オルコットの教育思想』風間書房、一九七六年
5　『教授方法論批判』明治図書、一九七八年
6　『授業にとって「理論」とは何か』明治図書、一九七八年
7　『論理的思考――論説文の読み書きにおいて――』メヂカルフレンド社、一九七九年
8　『授業の理論をどう作るか』明治図書、一九八三年
9　『「道徳」授業をどうするか』明治図書、一九八四年

10　『国語科授業批判』明治図書、一九八六年
11　『道徳教育』放送大学教育振興会、日本放送出版協会（販売）、一九八七年
12　『教育において「思考」とは何か――思考指導の哲学的分析――』明治図書、一九八七年
13　『読み書きにおける論理的思考』明治図書、一九八九年
14　『新版・論理的思考』メヂカルフレンド社、一九八九年
15　『「道徳」授業に何が出来るか』明治図書、一九八九年
16　『「議論の力」をどう鍛えるか』明治図書、一九九三年
17　『国語科授業における言葉と思考』明治図書、一九九四年
18　『「道徳」授業における言葉と思考――「ジレンマ」授業批判――』明治図書、一九九四年
19　『大学の授業』東信堂、一九九九年
20　『「出口」論争とは何か』（宇佐美寛・問題意識集１）明治図書、二〇〇一年
21　『国語教育は言語技術教育である』（宇佐美寛・問題意識集２）明治図書、二〇〇一年
22　『「分析批評」の再検討』（宇佐美寛・問題意識集３）明治図書、二〇〇一年
23　『「文学教育」批判』（宇佐美寛・問題意識集４）明治図書、二〇〇一年
24　『議論は、なぜ要るのか』（宇佐美寛・問題意識集５）明治図書、二〇〇一年
25　『論理的思考をどう育てるか』（宇佐美寛・問題意識集６）明治図書、二〇〇三年
26　『論理的思考と授業の方法』（宇佐美寛・問題意識集７）明治図書、二〇〇三年

27 『授業をどう構想するか』(宇佐美寛・問題意識集8)明治図書、二〇〇三年
28 『〈実践・運動・研究〉を検証する』(宇佐美寛・問題意識集9)明治図書、二〇〇三年
29 『自分にとって学校はなぜ要るのか』(宇佐美寛・問題意識集10)明治図書、二〇〇三年
30 『大学授業の病理――FD批判』東信堂、二〇〇四年
31 『「経験」と「思考」を読み解く』(宇佐美寛・問題意識集11)明治図書、二〇〇五年
32 『「価値葛藤」は迷信である――「道徳」授業改革論――』(宇佐美寛・問題意識集12)明治図書、二〇〇五年
33 『「道徳」授業をどう変えるか』(宇佐美寛・問題意識集13)明治図書、二〇〇五年
34 『授業の構想と記号論』(宇佐美寛・問題意識集14)明治図書、二〇〇五年
35 『教育のための記号論的発想』(宇佐美寛・問題意識集15)明治図書、二〇〇五年
36 『授業研究の病理』東信堂、二〇〇五年
37 『大学授業入門』東信堂、二〇〇七年
38 『〈論理〉を教える』明治図書、二〇〇八年
39 『作文の教育――〈教養教育〉批判――』東信堂、二〇一〇年〔本書〕

Ⅱ 共著

1 『論争・道徳授業』(井上治郎氏との共著)明治図書、一九七七年
2 『「近現代史の授業改革」批判』(池田久美子氏との共著)黎明書房、一九九七年

3　『看護教育の発想』（米田和美氏との共著）看護の科学社、二〇〇三年

Ⅲ　編著

1　『看護教育の方法Ⅰ』医学書院、一九八七年
2　『放送大学で何が起こったか』（深谷昌志氏との共編著）黎明書房、一九八九年
3　『〈討論〉言語技術教育』明治図書、一九九一年
4　『看護教育の方法Ⅱ』医学書院、一九九三年
5　『作文の論理――〈わかる文章〉の仕組み――』東信堂、一九九八年

Ⅳ　訳書

1　L・H・ベイリ『自然学習の思想』明治図書、一九七二年（Liberty Hyde Bailey; *The Nature-Study Idea*, 1903）

現住所
千葉県我孫子市根戸六三二―一四　〒二七〇―一一六八

索　引

シリーズ『大学の授業実践』監修　宇佐美寛

作文の教育——〈教養教育〉批判——

2010年3月25日　　初　版第1刷発行　　〔検印省略〕

定価はカバーに表示してあります。

著者©宇佐美寛／発行者 下田勝司　　印刷・製本／中央精版印刷

東京都文京区向丘1-20-6　　郵便振替00110-6-37828　　発行所

〒113-0023　TEL (03) 3818-5521　FAX (03) 3818-5514　　株式会社 東信堂

Published by TOSHINDO PUBLISHING CO., LTD.

1-20-6, Mukougaoka, Bunkyo-ku, Tokyo, 113-0023 Japan

E-mail : tk203444@fsinet.or.jp　http://www.toshindo-pub.com

ISBN978-4-88713-966-4 C3337

東信堂

グローバルな学びへ—協同と刷新の教育　田中智志編著　二〇〇〇円
教育の共生体へ—ボディエデュケーショナルの思想圏　田中智志編　三五〇〇円
人格形成概念の誕生—近代アメリカの教育概念史　田中智志　三六〇〇円
社会性概念の構築—アメリカ進歩主義教育の概念史　田中智志　三八〇〇円
教育の自治・分権と学校法制　結城忠　四六〇〇円
ミッション・スクールと戦争—立教学院のディレンマ　前田一男・老川慶喜編　五八〇〇円
教育の平等と正義　K・ハウ著 大桃敏行・中村雅子・後藤武俊訳　三二〇〇円
学校改革抗争の100年—20世紀アメリカ教育史　D・ラヴィッチ著 末藤・宮本・佐藤訳　六四〇〇円
国際社会への日本教育の新次元—今、知らねばならないこと　関根秀和編　一二〇〇円
ヨーロッパ近代教育の葛藤—地球社会の求める教育システムへ　関啓子・太田美幸編　三二〇〇円
多元的宗教教育の成立過程—アメリカ教育と成瀬仁蔵の「帰一」の教育　大森秀子　三六〇〇円
文化変容のなかの子ども—経験・他者・関係性　高橋勝　二三〇〇円
教育的思考のトレーニング　相馬伸一　二六〇〇円
NPOの公共性と生涯学習のガバナンス　高橋満　二八〇〇円
進路形成に対する「在り方生き方指導」の功罪—高校進路指導の社会学　望月由起　三六〇〇円
「夢追い」型進路形成の功罪—高校改革の社会学　荒川葉　二八〇〇円
教育から職業へのトランジション—若者の就労と進路職業選択の教育社会学　山内乾史編著　二六〇〇円
「学校協議会」の教育効果—「開かれた学校づくり」のエスノグラフィー　平田淳　五六〇〇円
教育と不平等の社会理論—再生産論をこえて　小内透　三二〇〇円
オフィシャル・ノレッジ批判—保守復権の時代における民主主義教育　M・W・アップル著 野崎・井口・小暮・池田監訳　三八〇〇円
新版 昭和教育史—天皇制と教育の史的展開　久保義三　一八〇〇〇円
地上の迷宮と心の楽園〔コメニウスセレクション〕　J・コメニウス 藤田輝夫訳　三六〇〇円

〒113-0023　東京都文京区向丘 1-20-6　TEL 03-3818-5521　FAX03-3818-5514　振替 00110-6-37828
Email tk203444@fsinet.or.jp　URL:http://www.toshindo-pub.com/
※定価：表示価格（本体）＋税

東信堂

比較教育学―越境のレッスン	馬越徹	三六〇〇円
比較教育学―伝統・挑戦・新しいパラダイムを求めて	M・ブレイ編著 馬越徹・大塚豊監訳	三八〇〇円
世界の外国人学校	福田誠治 末藤美津子 編著	三八〇〇円
ヨーロッパの学校における市民的社会性教育の発展―フランス・ドイツ・イギリス	武藤孝典 新井浅浩 編著	三八〇〇円
世界のシティズンシップ教育―グローバル時代の国民/市民形成	嶺井明子編著	二八〇〇円
市民性教育の研究―日本とタイの比較	平田利文編著	四二〇〇円
多様社会カナダの「国語」教育〔カナダの教育3〕	関口礼子 浪田克之介 編著	三八〇〇円
国際教育開発の再検討―途上国の基礎教育普及に向けて	小川啓一 西村幹子 北村友人 編著	二四〇〇円
中国教育の文化的基盤	顧明遠著 大塚豊監訳	二九〇〇円
中国大学入試研究―変貌する国家の人材選抜	大塚豊	三六〇〇円
中国高等教育独学試験制度の展開	南部広孝	三二〇〇円
大学財政―世界の経験と中国の選択	呂煒編著 成瀬龍夫監訳	三四〇〇円
中国の民営高等教育機関―社会ニーズとの対応	鮑威	四六〇〇円
「改革・開放」下中国教育の動態	阿部洋編著	五四〇〇円
中国の職業教育拡大政策―背景・実現過程・帰結	劉文君	五〇四八円
中国の後期中等教育の拡大と経済発展パターン―江蘇省と広東省の比較	呉琦来	三八二七円
中国高等教育の拡大と教育機会の変容―江蘇省の場合を中心に	王傑	三九〇〇円
バングラデシュ農村の初等教育制度受容	日下部達哉	三六〇〇円
オーストラリア学校経営改革の研究―自律的学校経営とアカウンタビリティ	佐藤博志	三八〇〇円
オーストラリアの言語教育政策―多文化主義における「多様性と」「統一性」の揺らぎと共存	青木麻衣子	三八〇〇円
マレーシア青年期女性の進路形成	鴨川明子	四七〇〇円
「郷土」としての台湾―郷土教育の展開にみるアイデンティティの変容	林初梅	四六〇〇円
戦後台湾教育とナショナル・アイデンティティ	山﨑直也	四〇〇〇円

〒113-0023 東京都文京区向丘 1-20-6　TEL 03-3818-5521　FAX03-3818-5514　振替 00110-6-37828
Email tk203444@fsinet.or.jp　URL:http://www.toshindo-pub.com/

※定価：表示価格（本体）＋税

東信堂

〈未来を拓く人文・社会科学シリーズ〈全17冊・別巻2〉〉

科学技術ガバナンス	城山英明編	一八〇〇円
ボトムアップな人間関係—心理・教育・福祉・環境・社会の12の現場から	サトウタツヤ編	一六〇〇円
高齢社会を生きる—老いる人／看取るシステム	清水哲郎編	一八〇〇円
家族のデザイン	小長谷有紀編	一八〇〇円
水をめぐるガバナンス—日本、アジア、中東、ヨーロッパの現場から	蔵治光一郎編	一八〇〇円
生活者がつくる市場社会	久米郁夫編	一八〇〇円
グローバル・ガバナンスの最前線—現在と過去のあいだ	遠藤乾編	二二〇〇円
資源を見る眼—現場からの分配論	佐藤仁編	二〇〇〇円
これからの教養教育—「カタ」の効用	葛西康徳・鈴木佳秀編	二〇〇〇円
「対テロ戦争」の時代の平和構築—過去からの視点、未来への展望	黒木英充編	一八〇〇円
企業の錯誤／教育の迷走—人材育成の「失われた一〇年」	青島矢一編	一八〇〇円
日本文化の空間学	桑子敏雄編	二二〇〇円
千年持続学の構築	木村武史編	一八〇〇円
多元的共生を求めて—〈市民の社会〉をつくる	宇田川妙子編	一八〇〇円
芸術は何を超えていくのか？	沼野充義編	一八〇〇円
芸術の生まれる場	木下直之編	二〇〇〇円
文学・芸術は何のためにあるのか？	吉岡洋・岡田暁生編	二〇〇〇円
紛争現場からの平和構築—国際刑事司法の役割と課題	城山英明・石田勇治・遠藤乾編	二八〇〇円
〈境界〉の今を生きる	荒川歩・川喜田敦子・谷川竜一・内藤順子・柴田晃芳編	一八〇〇円
日本の未来社会—エネルギー・環境と技術・政策	城山英明・鈴木達治郎・角和昌浩編	二二〇〇円

〒113-0023 東京都文京区向丘 1-20-6 TEL 03-3818-5521 FAX03-3818-5514 振替 00110-6-37828
Email tk203444@fsinet.or.jp URL:http://www.toshindo-pub.com/

※定価：表示価格（本体）＋税

東信堂

（世界美術双書）

バルビゾン派	井出洋一郎	二〇〇〇円
キリスト教シンボル図典	中森義宗	二三〇〇円
パルテノンとギリシア陶器	関　隆志	二三〇〇円
中国の版画—唐代から清代まで	小林宏光	二三〇〇円
象徴主義—モダニズムへの警鐘	中村隆夫	二三〇〇円
中国の仏教美術—後漢代から元代まで	久野美樹	二三〇〇円
セザンヌとその時代	浅野春男	二三〇〇円
日本の南画	武田光一	二三〇〇円
画家とふるさと	小林　忠	二三〇〇円
ドイツの国民記念碑—一八一三—一九一三年	大原まゆみ	二三〇〇円
日本・アジア美術探索	永井信一	二三〇〇円
インド、チョーラ朝の美術	袋井由布子	二三〇〇円
古代ギリシアのブロンズ彫刻	羽田康一	二三〇〇円

（芸術学叢書）

芸術理論の現在—モダニズムから	藤枝晃雄・谷川渥編著	三八〇〇円
絵画論を超えて	尾崎信一郎	四六〇〇円
美術史の辞典	P・デューロ他 中森義宗・清水忠訳	三六〇〇円
バロックの魅力	小穴晶子編	二六〇〇円
新版 ジャクソン・ポロック	藤枝晃雄	二六〇〇円
美学と現代美術の距離—アメリカにおけるその乖離と接近をめぐって	金　悠美	三八〇〇円
ロジャー・フライの批評理論—知性と感受性の間で	要　真理子	四二〇〇円
レオノール・フィニ—境界を侵犯する新しい種	尾形希和子	二八〇〇円
いま蘇るブリア＝サヴァランの美味学	川端晶子	三八〇〇円
ネットワーク美学の誕生—「下からの綜合」の世界へ向けて	川野　洋	三六〇〇円
イタリア・ルネサンス事典	J・R・ヘイル編 中森義宗監訳	七八〇〇円
福永武彦論—「純粋記憶」の生成とボードレール	西岡亜紀	三二〇〇円
雲の先の修羅—『坂の上の雲』批判	半沢英一	二〇〇〇円

〒113-0023　東京都文京区向丘 1-20-6　TEL 03-3818-5521　FAX03-3818-5514　振替 00110-6-37828
Email tk203444@fsinet.or.jp　URL:http://www.toshindo-pub.com/

※定価：表示価格（本体）＋税